B I B L I O T H E C A
SCRIPTORVM GRAECORVM ET ROMANORVM
T E V B N E R I A N A

BT 2021

L. ANNAEVS SENECA

DE CLEMENTIA LIBRI DVO

EDIDIT
HERMANNUS MALASPINA

DE GRUYTER

ISBN 978-3-11-026257-5
e-ISBN (PDF) 978-3-11-026247-6
ISSN 1864-399X

Library of Congress Cataloging-in-Publication Data
A CIP catalogue record for this book has been applied for at the Library of Congress.

Bibliographic information published by the Deutsche Nationalbibliothek
The Deutsche Nationalbibliothek lists this publication in the Deutsche Nationalbibliografie; detailed bibliographic data are available on the Internet at http://dnb.dnb.de.

Printing: Hubert & Co. GmbH & Co. KG, Göttingen
∞ Printed on acid-free paper

Printed in Germany

www.degruyter.com

HOC VOLUMINE CONTINENTUR

PRAEFATIO

DE LIBRIS *DE CLEMENTIA*

Universa librorum *De clementia* traditio manuscripta ex codice pendet qui in Bibliotheca Apostolica Vaticana asservatur, sed Laurissae in Hassia ita diu (fere a saec. IX usque ad XV) in monasterio Sancti Nazarii permansit ut *Nazarianus* vulgo nuncupetur[1].

Sed antequam de *Nazariano* ceterisque codicibus diligentius tractemus, mihi libros *De clementia* recensenti aliquid momenti habere videtur de his ipsis libris in universum, quantum quidem ad textus historiam quae dicitur pertinet, pauca praefari.

Claudio mortuo et Nerone Caesare facto mense Octobri anno n.S. 54, occultorum matris Agrippinae consiliorum beneficio[2], dubium non est quin novi imperii signum datum sit, in nova gubernandi sive dulcedine[3] sive mansuetudine positum, quod saepissime verbo *clementiae* apud scriptores eiusdem aetatis notatum invenimus: ne protinus de libris *De clementia* dicam, memorare sufficiat eiusdem Senecae *Ludum*, Lucani *Pharsaliae* initia ac, nisi recentiores sunt, Calpurnii *Eclogam* primam et *Bucolica* quae dicuntur *Einsidlensia*[4]. Tacitus praeterea in *Annalibus*[5] vocabulo *clementiae* et Neronem ipsum et Senecam, principis tam verum quam occultum orationum auctorem, usos esse testatur[6].

Eodem fere tempore – ut mox videbimus – Seneca disputationem *De clementia* Neroni dicavit, cuius duo libri qui supersunt hic prodeunt, cum auctorem sibi proposuisse ut tres libros conscribe-

1 Vaticanus Palatinus Lat. 1547 (*N*): vide *Conspectum* p. XXXV.

2 TAC. *Ann.* 12, 68–69.

3 De hac notione confer DE ROMILLY 1979.

4 Confer STOVER 2015 de Calpurnio et CHAMPLIN 1986 de *Bucolicis*, sed *grammatici certant et adhuc sub iudice lis est.*

5 De his omnibus confer MALASPINA (ed. 2009), 25; de *clementiae* historia confer in primis BORGO 1985 et commentationes a MALASPINA (ed. 2009), 42 adn. 83 laudatas, quibus addas BRAUND (ed.), 33–8 et FLAMERIE 2011.

6 *Ann.* 13, 11: (*Nero*) *clementiam suam obstringens crebris orationibus quas Seneca, testificando quam honesta praeciperet vel iactandi ingenii, voce principis vulgabat.*

ret ex eo appareat, quod tres partes in divisione totius operis[7] prospiciantur; quarum prima in primo libro luculenter exposita, altera in septem capitulis secundi libri – quae sola exstant – incohata nec perfecta est, tertia desideratur omnino. Utrum Seneca libros non confecerit an tempus edax opus iam perfectum abruperit nemo est qui hodie comperire possit, quamvis nobis subsidio, ut mox videbimus, textus historia esse videatur.

Illud autem addam: cum nusquam alibi a Seneca ipso aut a ceteris eiusdem aetatis auctoribus laudati sint et argumenta externa quibus statui possit quando conscripti vel vulgati sint omnino desint, libros tamen *De clementia* cum initiis Neroniani imperii novique saeculi spe ita congruere ut certum sit non solum intra felicissimum illud Neronis quinquennium, sed etiam in ipsis eius initiis eos Senecam scripsisse. Huc accedit quod in capitulo nono libri primi accurata temporum notatio reperiretur[8], nisi interpunctio ambigua et locus olim suspectus esset. In hoc problemate Archimedeo, cum de eo satis superque a Calvini et Lipsii aetate usque ad editores recentissimos disputatum sit, nolo amplius morari; nam plane despero me cuiquam persuadere posse distinctionem post verba *nunc es* ponendam esse, quo facto – eheu! – locum hunc ad temporum notationem id solum afferre, libros (vel saltem librum primum) biennio inter dies Neronis natales (a.d. XVIII kal. Ian.) annorum 54 et 56 n.S. potuisse conscribi. Etsi hic temporum ordo nodum non expedit num libros *De clementia* ante an post Britannici mortem Seneca composuerit, ab iis tamen valde dissentio qui opinantur ei non licuisse Britannico interfecto laudibus Neronem efferre ideoque necesse esse libros conscriptos esse ante caedem[9].

7 *Clem.* 1, 3, 1.

8 *Clem.* 1, 9, 1.

9 TAC. *Ann.* 13, 15–7, confer e.g. SCHIMMENTI 2001. Saepius et diffusius sententiam meam frustra defensitavi: MALASPINA (ed.), 292–8, (ed. 2009), 24–35 (ubi omnes commentationes diligenter dispositas invenies) et 2014, 176–7. Contra e.g. GRIFFIN 1992, 133–6; 407–11, BRAUND (ed.), 16–7; 260–3 et MARSHALL 2014, 41, qui, posita post *movit* interpunctione, libros non nisi inter mensem Decembrem anni 55 et eundem mensem a. 56 conscribi potuisse putant, Britannico iampridem interfecto. Hoc tantum dico: temporum terminos definiri non posse accuratius biennio 54–56.

Sed ad *clementiae* vocabulum redeundi tempus est: quid enim ea re comprehendi debeat quamque rei publicae formam Seneca adumbrare voluerit, praeter infinitam vagamque ad principis suavitatem sive misericordiam sive humanitatem provocationem, valde incertum est, quamquam non multi viri mulieresque docti ita senserunt[10]: cum auctore Tacito et praeter eum Suetonio[11] consilium regendae rei publicae in Neronis orationibus ita propositum sit ut omnium oculi ad Augustum retorquerentur et *teneret antiqua munia senatus*, in libris nostris vix ulla senatus mentio est[12]. Ibi enim exemplar Seneca potius ex Alexandri Magni successoribus petivit neglectisque senatu et Romanorum institutis aperte indicavit principem (immo eius clementiam) imperii totius esse *caput*[13] *spiritum*que *vitalem*[14].

Non est hic locus inquirendi quae vera fuerit Senecae sententia, utrum consulto in libris *De clementia* senatum silentio praeterierit ad solius Neronis aures mulcendas, an honores verbis senatui publice tributos tantummodo in speciem simulationemque ipse exhibuerit, cum orationes principis scriberet. Id tantum mea quidem sententia ex omnibus his argumentis sive argumentorum umbris colligendum est: *forma futuri principatus* quae in libris *De clementia* reperitur eius dissimilem videri quam Seneca a Tacito ceterisque fontibus testificatus esse memoretur[15]. Cum autem ea

10 Ita praecipue Griffin 1992, 141 sensit, quam in Malaspina (ed. 2009), 66–7 secutus sum.

11 Tac. *ann.* 13, 4–5: *curiam ingressus et de auctoritate patrum et consensu militum praefatus, (Nero) consilia sibi et exempla capessendi egregie imperii memoravit* [...]. *Tum formam futuri principatus praescripsit, ea maxime declinans quorum recens flagrabat invidia. Non enim se negotiorum omnium iudicem fore* [...]; *discretam domum et rem publicam. Teneret antiqua munia senatus, consulum tribunalibus Italia et publicae provinciae adsisterent: illi patrum aditum praeberent, se mandatis exercitibus consulturum. Nec defuit fides, multaque arbitrio senatus constituta sunt*); 13, 11 (infra adn. 15); Suet. *Ner.* 10, 1.

12 *Clem.* 1, 12, 2; 24, 1.

13 *Clem.* 1, 3, 5.

14 *Clem.* 1, 4, 1: de his omnibus confer Adam 1970, Malaspina (ed. 2009), 35–41 et Braund (ed.), 17–9; 24–7.

15 Confer Tac. *ann.* 13, 11: *Claudio Nerone L. Antistio consulibus cum in acta principum iurarent magistratus, in sua acta collegam Antistium*

forma quae in libris nostris reperitur a nullo eiusdem aetatis auctore nominetur, merito suspicari possumus nostros libros aut nusquam aut inter perpaucos Seneca vivo vulgatos esse, praesertim cum post Iuliorum Claudiorumque exstinctam domum idem silentium permaneat et solus *Octaviae* auctor – Senecae puto eum familiarem fuisse – libros *De clementia* legisse videatur. Ut aliquis inveniatur qui sine ullo dubio parem usum et cognitionem librorum *De clementia* habuerit usque ad saec. V opperiendum est: confer enim Flavii Merobaudis *ad Aetium Panegyricum*, praesertim 9, 13 (Vollmer): *etenim recte factorum summus fructus est fecisse nec ullum virtutum pretium dignum ipsis extra ipsas est* (= *clem.* 1, 1, 1); 9, 19: *nec ullum quod imitari velis exemplar extra te quaeris* (= 1, 1, 6)[16].

DE CODICIBUS PRIMARIIS

Nunc ad *Nazarianum* nostrum revertendum est; at cave credas hactenus a me digressionem nequiquam interpositam esse: cum enim iterum in philologiae delubrum ingressi erimus et codices primarios familiasque recentiorum recensuerimus, operam dare

iurare prohibuit, magnis patrum laudibus, ut iuvenilis animus levium quoque rerum gloria sublatus maiores continuaret. Secutaque lenitas in Plautium Lateranum quem ob adulterium Messalinae ordine demotum reddidit senatui, clementiam suam obstringens crebris orationibus quas Seneca, testificando quam honesta praeciperet vel iactandi ingenii, voce principis vulgabat.

16 Cinnae coniuratio ineunte III saeculo simili modo etiam a Dione Cassio (55, 14, 1 – 22, 2 = *clem.* 1, 9) narrata est, sed incertum permanet num uterque ex eodem fonte hauserit an Seneca aliquo tramite rerum scriptoris auctor fuerit, ut plerique putant (confer Malaspina (ed. 2009), 52–4). De *Octavia* confer commentationes a Malaspina (ed. 2009), 74–5 et a Braund (ed.), 82–4 (praesertim adn. 248) recensas: utrique persuasum est praetextam statim Nerone mortuo scriptam esse; sed etiam ii qui hoc Domitiano regnante factum esse putant infitias non eunt quin coniunctio inter domum Annaeanam et ignotum *Octaviae* poetam arta esse debuerit («The author of *Octavia* may have been an old pupil of Seneca, a survivor left with little to rejoice at by the advent of the Flavian dynasty», Ferri 2003, 26). De Flavio Merobaude confer Bickel 1905; huc accedit quod saeculo post Martinus Bracarensis libros nostros in epitomen coegit.

licebit ut *archetypi* antigraphum deperditum restituamus. Tunc reperiemus eius pristinae faciei inquisitionem philologicam non inutilem esse ad litterarum quaestionem illam probabiliore coniectura definiendam, videlicet utrum libri *De clementia* a Seneca sint editi necne[17].

N

Nazarianus (*Palatinus 1547, N*)[18], codex membranaceus formae oblongae mediaeque magnitudinis[19], 148 paginas habet (quarum quaeque ex 29–30 versibus constat), libros tantum *De beneficiis* (1v–125v) et *De clementia* (125v–148v) continentes. Hunc anno circiter 800 n.S. et scriptorio cuidam in Italia septemtrionali sito Bernhardus ille Bischoff tribuit, cuius auctoritatem nemo postea ausus est in dubio ponere. Inter annos fere 830 et 850 *Nazarianum*, cuius in monasterii Laureshamensis indicibus bis eo tempore mentio reperiri potest, iam Alpes transgressum esse apparet Hassiam versus; anno 1476 Bibliothecam Palatinam Heidelbergae conditam intravit, unde, una cum omnibus fere codicibus Palatinis, anno 1623 translatus est Romam.

Complures manus exhibet codex noster, sed in libris *De clementia* non amplius unam laborem suscepisse dicere ausim (N^{1}). Hic scriba, scriptura inconstantissima quae Praecarolingica dicitur usus, recte scribendi praeceptorum ignarus, saepe se ipse sedule emendat (N^{1c}), antigraphi lectione melius inspecta vel lapsu calami statim intellecto; quem aliquanto post[20] secutus est doctus quidam (N^{2}) qui nigro atramento, minutissimo modulo, acuto calamo, aetatis Carolingicae litteratura, et raro fidem emendationibus a N^{1c} iam illatis expunctione sua sub primi scribae litteris posita addidit[21] et multo saepius scribendi rationem, errores, scriptionem

17 Confer infra p. XXIII–XXIV.

18 Hic summatim ea praebeo quae latius apud MALASPINA (ed.), 13–36 exposita invenire potes. Inter complures ibi laudatas commentationes, maximi momenti mihi BUSONERO 2000 et tunc videbatur et nunc identidem videtur.

19 247 × 168 mm. (MALASPINA (ed.), 13 adn. 12).

20 Apparet operam a docto N^{2} in Italia ante quam *Nazarianus* Laurissam transferretur (a. 830–850, ut supra diximus) et *Reginensis* conscriberetur (a. 825–850, ut mox videbimus), i.e. ante annum circiter 825 n.S., datam esse.

21 Hoc confirmationis genus, sine dubio a N^{2} perspicuitatis causa pro apographorum scribis illatum, olim siglo N^{1c+2} in *Prolegomenis* MALA-

continuam distinctionesque ita ex novo correxit, antigrapho[22] quoque fretus, ut tamen sedulitas eius, in libris *De beneficiis* multo labore exercita, magis magisque debilitetur et a p. 134v ad p. 138v (= *clem.* 1, 11, 1 – 17, 2) iterumque a p. 140r (= 1, 19, 4) usque ad finem prorsus deficiat.

R Cum, post Erasmum Gronoviumque[23], Martino Gertz, qui primus anno 1876 fundamenta editionis suae in *Nazariano* solo posuit, palma recte constituti stemmatis deferenda esset, tamen doctorum omnium animos Otho Rossbach in ***Reginensem*** *1529*, qui inter Vaticanae Bibliothecae ocellos intactus latebat, paulo post convertit; quem codicem membranaceum, Senecae *De beneficiis* et *De clementia* (91r–107r) libros[24] continentem, Bischoff ille denuo auctor est sive in Italia septentrionali sive potius in Francogallia inter annos 825 et 850 a scriba uno exaratum esse[25]. Constat paucis post annis iam in regione Aquarum Segestarum et Autissiodori servatum esse, notarum serie in marginibus a palaeographis inventa quae sine dubio debet scholae Lupi abbatis Ferrariensis et Heirici Autissiodorensis adiudicari[26].

SPINA (ed.) notavi. Quos locos, in apparatu manui N^{1c} tantum tributos, hic in ordine inspicere licet: p. 5, 17 *nocendum* ex *noctendum*, 6, 15 *inquieti* ex *inquietis*, 9, 7 *suspici* ex *suscepici*, 11, 22 *es* ex *est*, 14, 10 *sermone* ex *sermones*, 14, 20 *esset* ex *estset*.

22 Quod contra manibus recentioribus (N^3) praesto non fuit.

23 Dubium non est quin *Nazarianus* ab Erasmo collatus et iterum Romae a Gronovio repertus sit, qui eum primus intellexit maximi momenti esse: confer MALASPINA 2000 (a), 340–7 et 2000 (b).

24 In eadem compagine etiam Sallustii *De Catilinae coniuratione* et *Iugurtha* libelli asservantur (108r–134v), sed hae paginae chartaceae, multo tardius conscriptae, paginis Senecanis membranaceis agglutinatae sunt ut unus liber fieret. Operae pretium non est librarium se ipsum corrigentem et secundam manum ut in *Nazariano* discernere: uterque enim (R^2) eo cum manibus recentioribus (R^3) differt, quod antigrapho fruebatur.

25 Mentionem Francogalliae tantum, non Italiae septemtrionalis, apud PELLEGRIN 1978, 252 et MOSTERT 1989, 283 invenimus: illa *Reginensem* praesertim Autissiodoro, hic dubitanter monasterio Floriacensi tribuit; confer MALASPINA (ed.), 37 adn. 108; 38 adn. 109.

26 Confer BUSONERO 2000, 301.

DE RATIONE QUAE INTER *NAZARIANUM* ET *REGINENSEM* INTERCEDIT

Hic mihi supervacaneum videtur denuo illam quaestionem repetere, utrum recte Rossbach *Reginensis* inventor Hosiusque editor librorum *De beneficiis* et *De clementia* Teubnerianus statuerint, qui in stemmate hinc *Nazarianum* illinc *R–N*² recentioresque stare contenderunt[27], an et Gertz et Buck et Mazzoli et Busonero et ceteri, inter quos ego ipse, qui pro certo habemus *Reginensem* a *Nazariano* iam a *N*² emendato originem ducere: nam tanta et talis est moles argumentorum ab his repertorum ut sufficere putem me virorum mulierumque doctorum commentationes summatim exponere[28]. Ex quibus luce clarius mea quidem sententia apparet *Nazarianum* esse *archetypon*[29], a quo, iam aucto doctis librarii *N*² emendationibus vel, si mavis, coniecturis, *Reginensis* fluxerit[30]; quae coniecturae ingenium redolent docti sedulique scribae Carolingicae aetatis. Contra autem Caroli Hosius sententiam[31], iam ab aliis probatum est nihil *Reginensi* recentioribusque inesse quod prius non fuisset in *Nazariano*, praeter emendationes mendasve scribarum ope illatas[32]. Cum autem unum restet, quod a doctis non

27 ROSSBACH 1888, 1907, 1915 et HOSIUS (ed.), XIV, qui «Totius – inquit – iudicii cardo in eo uersatur, num permultos locos, ubi *R* ceterique huius stirpis testes a *N* recedunt, tribuere possimus aut socordiae interpolationique librariorum aut, ubi Nazariano meliora praebent, scientiae et acumini virorum aetatis Carolingicae» (qua de causa eius apparatus lectionibus inutilibus refertus mihi videtur).

28 Quas omnes apud MALASPINA (ed.), 52–8; 64–70 invenies, quem postea CHAUMARTIN (ed.) et BRAUND (ed.) secuti sunt: confer praesertim BUCK 1908, 22 de *ben.* 7, 31, 1. De CHAUMARTIN (ed.) confer MALASPINA 2006 et BRAUND (ed.), 89.

29 Qua de causa unamquamque *Nazariani* paginam in textus margine notatam invenies.

30 Et rursus ab eo fere solo recentiorum congeries, ut mox videbimus.

31 «Tantam molem correcturarum verarum tum repertam fuisse ut existimem, equidem a me impetrare vix possum» (HOSIUS (ed.), XIV).

32 Confer BUCK 1908, PRÉCHAC (ed.), XXXVII–XLII, PRÉCHAC 1926, XLIV–LIV, MAZZOLI 1982, 168–72. In libris *De clementia* semel mea quidem sententia librarius *Reginensis* ita acutus fuit in *Nazariano* emendando ut haec

satis compertum est, videlicet utrum in Italia an in Francogallia *Reginensis* conscriptus sit, num *Nazariani* ipsius apographum sit an codex nunc deperditus interpositus sit, operae pretium erit de hac re paululum disputare.

Satis enim compertum habemus scribam doctum *N*² eo consilio operam suam navavisse ut ad hoc exemplar emendatum facilius esset apographa confici quam ad *Nazariani* primae manus rusticitatem et inconstantiam, quod ad lectiones, compendia, scribendi rationem, marginalia, posituras quoque attineret; nec dubium est quin *Reginensis* eiusdem doctae sedulaeque operae vestigia permulta et evidentia ostentet, inter quae praesertim eas mendas quas vulgo librarii ob eam unam causam effecerint, quia suis oculis antigraphi proprietates, posituras, litterarum formam, versuum locum, marginalium ancipitem conspexerant ductum. Hac probabilium argumentorum silva freti, viri mulieresque docti et ego ipse hanc non probabilem conclusionem probavimus, *Reginensem* necessario eundem librum esse ac *Nazariani* apographum illud proximum de quo diximus[33]; sed mihi denuo quaestionem spinosissimam recensenti, Michaele quoque Reeve suadente, consilium mutandum et adsensionem non statim reddendam esse huic sententiae iudico. Quae enim sit ratio et via qua apographum proximum ab apographi apographo distinguere possimus non facile constat, siquidem vel ipsae mendae peculiares quae in priore apographo antigraphi faciei respondeant[34] eaedem possunt

conclusio in dubio poni possit, sed, ut Germanorum proverbium est, «semel est numquam»: confer p. 30, 9 et MALASPINA (ed.), 99 adn. 240.

33 Aliter atque Itali (MAZZOLI 1982, BUSONERO 2000, MALASPINA (ed.), 64–6, MONDA 2003, 193–5), qui argumentorum seriem ab alio ad alium traditam magis magisque ditaverunt amplificaverunt auxerunt ad codicem interpositum exterminandum, numquam BUCK 1908, 38, PRÉCHAC (ed.), XLII, PRÉCHAC 1926, LII adn. 5, REYNOLDS 1983, 363, WINTERBOTTOM 2001 idem facere ausi sunt. Rem in medio BRAUND (ed.), 86–7 reliquit.

34 Hae sunt mendae quas sic MAZZOLI 1982, 172 notat: «microscopiche connessioni formali [...] ben difficilmente tramandabili al di là di una discendenza diretta».

intactae in apographi apographo retineri, dummodo scriba alter in textu describendo eandem diligentiam praestet[35].

Plus ponderis eae habent quas A. Diller «mendas incipientes» definivit[36], quo ex genere unus saltem locus in libris *De clementia* potest reperiri: *clem.* 1, 1, 2[37], ubi *Reginensis* librarius, cum *gladiorum que* descripsisset, caudam *e* litterae postea adposuit, quasi virgulam a N^2 post notae *gladiorumq:* puncta adpositam non illico esset adsecutus[38]. Hoc solum testimonium mea quidem sententia e multis olim ad libros *De clementia* datis[39] severiorem probationem superat; nam ceteri eiusdem operis loci, ubi mendae incipientes desunt, nexum quidem artissimum inter *Nazarianum* et *Reginensem* ostendunt, sed non ita ut codicem nullum interpositum fuisse demonstrent. Huc accedit quod interdum mendae ipsae incipientes, quae argumenta solidissima in libris *De beneficiis* (totus enim *Nazarianus* ad hoc recognoscendus est) praebere visae sunt, pervestigatae attentius non vigent. Ut puta in libro IV *De beneficiis*, sententia *ut sestertio centies obiurgatus sim. Inter se enim*, quam prima *Reginensis* manus omittit[40], secunda in margine restituit, «mendam incipientem» omnibus numeris absolutam praeberet, si re vera haec octo verba unum in *Nazariano* versum efficerent et emendatio librarii eiusdem esset; quae quivis plane falsa esse facile probare potest inspecta pagina Bibliothecae Vaticanae

35 De apographis quae ita in scriptoriis exarata sunt ut imaginem descriptionemque sui cuiusque antigraphi simillimam redderent confer inter alios Petrucci 1986, 112, De Angelis 1995 et infra adn. 44.

36 Confer Reeve 2011, 166: «The commonest indication [...] is corrections made by the scribe himself in the course of copying [...]; his exemplar must have had [...] some peculiarity capable of causing the temporary omission [...]; and only the scribe of a direct copy can repair such an omission in the course of copying». Sed ne haec quidem omnia solius primi apographi propria sunt, quia «Incipient repetitions [...] do not exclude an intermediary, because it is always possible that some scribe actually did repeat the unit» (*ibidem*; in universum confer 166–72).

37 *N* 126r, 5 = *R* 91r, 19 (confer infra p. 1, 15).

38 Scilicet quasi non intellexisset doctum N^2 *-que* in *quae* corrigere voluisse.

39 Confer supra adnn. 32 et 33.

40 *Ben.* 4, 36, 2 (*N* 65r, 8–9 = *R* 46v, 19), de quo loco confer Préchac 1926, XLIX, Malaspina (ed.), 57 adn. 172 et Monda 2003, 195.

interretiali, ubi codex omnibus praesto est[41]. Nam, quia verbum *ut* extremum superioris versus est, huic lacunae utraque condicio a Michaele Reeve ad «mendas incipientes» designandas instituta deest, videlicet emendationem eiusdem manus esse et mendam ex aliqua antigraphi proprietate pendere debere, cum multo veri similius sit librarium verba *ut ... enim* propter saltum ab eodem ad idem *ut ... enim–utrumque* omisisse, qui error nasci potuit in quolibet codice. Simili modo respuendus est locus in quinto *De beneficiis* libro, ubi verba *nemo et hoc inane*, a *Nazariani* scriba omissa, in imo margine transcripta sunt a primo correctore qui dicitur (non ab eodem librario, sicut Franciscus Préchac scripserat), signis *hd* (= *hic deest*) supra versum et *hp* (= *hic pone*) margini adiectis[42]. Ex hac in *Nazariano* omissione minime primae *Reginensis* manus lacuna *inane unum est apud nos bonum honestum id pervenire* pendet, immo haec menda plus ponderis ad coniecturam de codice interposito affert, quod lacuna tota ex uno interpositi versu *inane ... pervenire*, a *Reginensis* scriba omisso, probabilius nata est, quae tamen verba duos *Nazariani* versus ne integros quidem complent[43].

Ut breviter dicam, num inter *Nazarianum* et *Reginensem* codex quidam intercesserit hodierno die neque adfirmare neque negare ausim, dummodo interpositus hic *Nazariani* simillimus fuerit[44];

41 Confer http://digi.vatlib.it/view/bav_pal_lat_1547.

42 *Ben.* 5, 12, 4 (*N* 74v, 20 = *R* 55r, 4), de quo Préchac 1926, xlix «*R* – inquit – écrit le complément à sa place, mais, arrivé au mot *inane*, il regarde le modèle à l'endroit (*h d*) de la lacune: son œil sur cet alignement voit *ire* de *peruenire*, sa main trace *ire* et omet tout l'intervalle, qui est écrit en marge après coup» (confer etiam Mazzoli 1982, 172 adn. 42). Hoc iterum plane falsum, cum neque *hd* in *Nazariano* e regione verbo *ire* positum sit neque in *Reginensi* usquam *ire* scriptum reperiatur et *inane* a prima manu in margine additum et sepositum sit a ceteris verbis omissis in textu, quae verba modulo minore adiecta sunt.

43 Idem de loco *ben.* 4, 12, 4 (*N* 54v, 1–2 = *R* 38r, 3) dicendum (confer Préchac 1926, liii).

44 Hac pactione de interpositi similitudine, ut opinor, partes inter se infestae (confer supra adn. 33) in concordiam redigi possunt, ut iam apud Mazzoli 1982, 172 patebat («L'argomento [de quo infra adn. 47] naturalmente perderebbe valore qualora si volesse supporre nel rapporto N > R, che è fuori discussione, la mediazione di qualche

quae sententia, ut nihil novi in stemmate redigendo vel in lectionibus perpendendis affert, ita ne merum quidem sophisma est: alia enim via hae nugae palaeographicae magni momenti ad litem de *Reginensis* origine componendam esse possunt. Qui codex, ut supra scriptum est, Bischoff unus in incerto reliquit in Italia an in Francogallia exaratus esset[45]. Sed quoniam sine codice interposito difficillime videtur *Reginensis* Autissiodori vel alicubi in illa regione a *Nazariano* describi potuisse (nisi forte miser ille *Nazarianus*, liber vere ut clerici illi vagabundus, ex Italia in Francogalliam et inde Laurissam paucorum annorum spatio erravit)[46], ii qui negant codicem interpositum unquam exstitisse animo concipere malunt *Nazarianum* in Italia esse descriptum[47]. Quid autem obstat quo minus *Reginensis* in Italia sive ex *Nazariano* sive ex eius apographo ortus sit? Quod tamen apographum interpositum, si contra in Francogalliam missum esset, ibi *Reginensem* gignere potuit, dum seorsum *Nazarianus* in monasterium Laureshamense iter suum conficit.

Magis rationi consentaneum mihi videtur si quo modo res actae sint hac coniectura consequamur: cum ante hos mille et ducentos annos in quadam Italiae ad Aquilonem vergentis parte unum librorum *De beneficiis* et *De clementia* exemplar antiquum superesset (quod nunc desideratur), idemque mendosum et male mulcatum, id bibliothecarios curavisse ut transcriberent sedule; cum tamen hoc apographum (quod hodie *Nazarianus* nominatur) rusticius videretur quam ut eo exemplari docti uterentur, quibus per totum Caroli Magni imperium litterae renascentes cordi essent,

ipotetico manoscritto perduto. [...] A noi tuttavia il contatto testuale tra i due mss. appare talmente stretto da non ammettere intermediario di sorta: a meno d'immaginare questo così simile al modello N da rendere pleonastica la sua funzione testuale»).

45 Nam ceteri palaeographi censent codicem Francogallicum esse (confer supra adn. 25).

46 Confer supra adn. 20.

47 «Una genesi nord-italiana di R oltre che di N è l'ipotesi che in modo più economico e lineare concilia lo strettissimo vincolo testuale tra i due mss. con la datazione, anteriore per entrambi alla metà del sec. IX, all'epoca cioè in cui sono sicuramente presenti in due diverse regioni transalpine» (Mazzoli 1982, 171; confer etiam Busonero 2000, 301–2).

emendatorem (N^2) iussum esse universum codicem ita retractare ut ab eo apographum tam correctum quam quod maxime effici posset; scriptoriis Transalpinis fortasse iam postulantibus ne sibi Itali fratres haec nova Antiquitatis dona inviderent, *Nazariani* progeniem in Francogalliam ad *Reginensem* describendum, *Nazarianum* autem ipsum Laurissam esse missum.

DE RECENTIORUM FAMILIIS ET STEMMATE

Quae coniectura egregie etiam cum recentiorum rationibus congruit, de quibus hic nihil novi afferre possum post commentationes iam et a me et a Mazzoli viro doctissimo editas, quibus quid assecuti simus breviter exponam[48].

Codices paene trecenti sunt qui libros *De clementia* continent, plerumque inde a saeculo XII exarati, ita ut adhuc nemo inventus sit qui omnes singillatim contulerit[49]. Constat nihil novi ex ista codicum congerie (quod quidem ad stemma pertinet) addi posse, cum dubium non sit quin in iis bonae coniecturae lateant; saepius enim in apparatu laudandae sunt lectiones quas sive Pincianus sive Dalecampius sive Fickert ex manuscriptis nunc ignotis vel deperditis prompserunt[50]. Nam Mazzoli recentiores omnes in universum ita recensuit, paucis tantum locis gravioribus in unoquoque collatis, ut luculentum stemma ad libros *De clementia* et *De beneficiis* pertinens ediderit; quod ego, paucis additis mutatisve quae mea quidem sententia melius libris *De clementia* respondeant, hic in lucem denuo[51] profero.

48 Mazzoli 1978 et 1982, Malaspina 2001 et (ed.), 41–51; 70–82.

49 269 testes in indicem a Mazzoli 1982 conscriptum relati sunt, quibus saltem viginti duo postea additi (Malaspina (ed.), 50–1); nonnullos alicubi adhuc latere crediderim.

50 Quas omnes siglo ς notatas in apparatu invenies, ut puta *quaesitoribus* (confer infra p. 9, 19), *in voluptatem* (17, 10), *contracta quae* (38, 21). Mentionem huius notae facere ibi tantum supersedi ubi eadem lectio etiam in codicibus a me collatis legi poterat.

51 Malaspina 2001, 164. De ratione et via adhibenda in locis gravioribus eligendis confer Orlandi 1995, 5–7 et Orlandi 1997, 16.

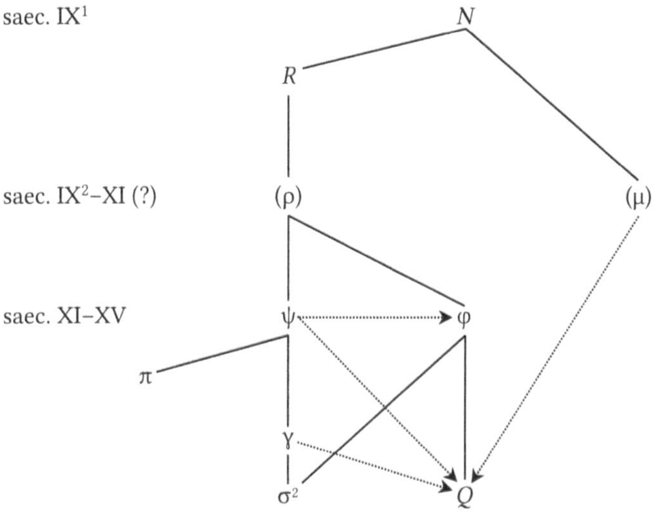

Viginti codices recentiores ipse contuli, id est fere quintam decimam totius summae partem, ex quibus sex tantum antiquiores (*PAFLTS*) iam antea a Carolo Hosius collati erant. His sex in classes a Iohanne Carolo Mazzoli constitutas dispositis reliquos adiunxi, ut classium ipsarum testimonia paulo robustiora fierent, sed praeter codices *QC*, ut mox videbimus, quoslibet alios in tanta multitudine eligere potuissem, sine ullo stemmatis damno.

Ut primum *Reginensis* monasterium illud Francogallicum quo *ρ* missus erat attigit vel ibi descriptus est, docti mea quidem sententia eum perscrutari coeperunt ut textum emendarent, nec tamen multa marginalia adiecerunt[52], sed prorsus exemplaria emendatiora descripserunt, quae hodierno die non exstant, sed quorum vestigia facile colligi possunt. Nam ante quam classes propriorum errorum culpa seiunctae sunt, libri *De clementia* sapienter correcti sunt, ut saepissime in omnibus recentioribus patet[53]. Hae emenda-

52 Confer enim supra p. XII.

53 Interdum doctis librariis minus prospere successit, e.g. *ex abdito* (p. 2, 5), *accersit* (14, 8), *delegato* (21, 10); sed saepius ad rectam *Nazariani* lectionem inscii redierunt vel melius fecerunt: confer e.g. *in hanc* (1, 6), *beneficum* (6, 1), *toto orbe* (17, 2), *placido* (19, 1), *acerbus* (20, 4), *verecundia* (22, 24), *servabit placidam* (39, 7). Animadverte in apparatu consensum recentiorum nota *r* signari (confer infra adn. 88).

tiones, quas haud credere possim in omnibus testibus separatim
natas esse, classem faciunt quam ρ nominavi et, quamquam nullus
codex ad hodiernum diem superest, stemmati adieci.

ϕ Ex hac primum ϕ classis est nata, quae notabilis est propter
eandem diligentiam ac ρ et propter bonarum lectionum observan-
tiam, sive illae ex *Reginensi* sive ex ρ classe manant: ideo saepius
differt prorsus quod ineptiae reliquarum classium desunt, ita
tamen ut aliquot emendationes peculiares, saepe laudabiles si non
bonas, utique habeat[54]. Quam ut describeret Mazzoli primus
C operam navavit, codicem ***Parisinum 15085*** (*C*)[55] saeculi XII in
lucem proferendo, cui ipse tres Vaticanos saeculi XIV[56], luculen-
C1 tum ***Rossianum 604*** (*C1*), maximi moduli (410 × 270 mm.),
C2 ***Vaticanum 4086*** (*C2*), magis propter Rogeri Baconis opera
C3 notum, denique ***Vaticanum 1769*** (*C3*, fortasse paulo vetustio-
rem), addendos iudicavi[57].

ψ Sequitur maior recentiorum pars, quam siglum ψ notat: in iis
π primum octo seducantur, qui π classis sint et paulo antiquiores et
emendatiores quam reliqui ψ esse videantur[58]. ***Parisinus 6382***
P (*P*), iam Carolo Rudolfo Fickert notus et a Carolo Hosius omni
cura collatus, saeculi XIII est et libros tantum *De beneficiis* et *De
clementia*, dilucide scriptos ac perpulchris picturis ornatos,
continet. Huic e septem π reliquis multo recentiorem (saec. XV)
P1 ***Basiliensem F. IV 14*** (*P1*) chartaceum, quo Erasmus quoque usus
est, addidi.

γ Deinde ψ classem claudit γ classis, quae, cum sola amplius dimidiam recentiorum partem efficiat, a Mazzoli, quae est eius diligentia, iterum in classes minores divisa est, quarum tamen idcirco nulla hic mentio fiet, quia earum lectiones minimi momenti sunt ad textum edendum. Quid mirum si, propter multitudi-

54 Confer *ipse pater* (p. 21, 13), *melius non nasci fuit* (24, 16–17), *agere* (25, 20), *nequitia apparet* (32, 11–12), *oscitationem* (40, 12).

55 Codex e Ciceronis Senecaeque operibus mixtus bis libros *De clementia* praebet, sed tantum 137v–147v classis ϕ (MAZZOLI 1982, 189–91).

56 MALASPINA 2001, 151.

57 *Vaticanus* 1769 idem est qui siglo *N* in *Tragoediarum* apparatibus denotatur; confer MAZZOLI 1982, 189 et MALASPINA 2001, 152 adn. 20.

58 Mendae peculiares classis π in apparatu non laudantur. Confer e.g. in primis paginis *statum* (p. 1, 11), *haec quoque* (4, 9), *excipere milia* (6, 9).

nem, haec classis, cuius testes primum etiam ultra fines regni Francogallici diffusi sunt, iam in editionibus saecc. XIX–XX magis nota fuit, quippe quae apud Carolum Hosius quattuor saeculi XII codices praebeat? Nam ***Amplonianus Q 3*** (*A*), olim integer, nunc inde a *clem.* 1, 18, 2 decurtatus, prima parte saeculi descriptus, iam a Dalecampio, qui eum fortasse supra modum dilexit, est collatus. Cui Otho Rossbach ***Laurentianum plut. LXXVI, 36*** (*F*) adiecit, libros *De beneficiis* et *De clementia* atque Apuleium Philosophum continentem. ***Leidensis Lips. 49*** (*L*), qui fortasse in Anglia exaratus est et Iusti Lipsii fuit, ac ***Parisinus 8542*** (*T*), qui ut *C* mixtus bis libros *De clementia* praebet[59], in fine memorentur.

Primum a me collatum profero ***Marcianum Z 268*** (*G*), Senecae opera in 246 paginis continentem, inter quae et *Naturalium quaestionum*[60] et *De clementia* libros integros (75v–79r), etsi est recentior (saec. XIV) quam plerique extremi testes γ classis in apparatu meo citati. Hi, ***Vaticanus 11543*** (*G1*, saec. XII), ***Reginenses 147*** (*G2*, saec. XII) et ***1637***^{2} (*G3*, saec. XII–XIII), ***Marcianus Z 267*** (*G4*, saec. XIV), minutissima excerpta praebent ideoque perraro laudantur; denique ***Vaticanus 2214*** (*G5*, saec. XV in.), pariter compendiatus, in apparatu semel invenitur. Cum bonae γ classis lectiones perpaucae sint, errores vero vel ineptissimi et praesertim verborum transmutationes ubique scateant[61], tamen interdum tota ψ classis *Reginensem* recte meliusque quam ρ vel ϕ emendat, ut merito habeat in omnibus apparatibus sedem[62].

Quoniam in testimoniis antiquioribus, saeculo XII tribuendis, iam certae contaminationis notae facile conspiciuntur et classes ϕ π γ adultae videntur natae, necesse est eas ex ρ ante saeculum XII propagatas esse, quod contra σ classi non convenit, quae, cum

59 Hic paginae tantum 42r–49v collatae sunt, non 148r–153v, mutilae et saec. XIII descriptae.

60 In quorum apparatu siglo *W* a Petro Georgio Parroni denotatus est.

61 Inter bonas lectiones confer e.g. p. 15, 3 et 42, 2; in apparatu tamen ineptias non invenies, ut puta *fictam* (3, 4) et *ad votum* (14, 6). Transmutationes saepius toti ψ classi sunt, e.g. in primis capitulis *manu mea* (p. 1, 11) et *loco melius* (5, 1), cui addas in apparatu 17, 14.

62 Confer infra p. 13, 3. 5; 15, 9; 27, 26; 32, 12; 41, 17.

excerpta tantum praebeat, saepe minutissima[63], tamen dubium non est quin eorum textum ex ϕ ψ ita contaminet ut quicquid boni habeat id ex antiquioribus classibus promat. Nihilominus Carolum Hosius secutus eam quoque in indicem rettuli: hic ***Parisinum***
S ***16592*** (*S*), saeculo xii tribuendum et «audacioribus mutationibus» – ut ipse scripserat – carentem, contulit, ego multo audaciores
S1, S2 ***Marcianos VI. 174*** (*S1*) et ***VI. 67*** (*S2*), utrumque saeculi xiv, sedulo addidi; qui omnes, si numquam fere in apparatu laudati erunt, nemo erit qui miretur.

Q Natura ***Lipsiensis Rep. I 4. 47*** (*Q*)[64], ex industria in fine sepositi, tam mira est ut omnium classium explanatio fuerit ante ponenda. Hic enim, in universum ϕ classi tribuendus, cum sit antiquior (saec. xii), tamen contaminatus est a ceteris classibus[65]. Sed praecipuae lectiones eae sunt quae hunc codicem cum *Nazariano* solo arte coniungunt[66] et quae de *Nazariani* progenie contentionem fecerunt inter viros doctos[67]. Recte mea quidem sententia Mazzoli dixit: cum ϕ ψ abundantissimo recentiorum amne a *Reginensi* manarent, rivulum quendam *Nazarianum* quoque in latebris Germanicis genuisse, cui ab ipso Mazzoli μ nomen est inditum. Qui rivulus, fortasse in libris *De beneficiis* robustior[68], hic illic in *Lipsiensi* ita illucescit in ipsis *De clementia* libris ut, cum dicere non ausim hunc codicem μ classis profecto esse, tamen aperte fatendum sit aliquot lectiones *Nazariani* peculiares, et a prima et a reliquis

63 A Mazzoli iterum in classes minores, ut γ, divisa est, ex quibus σ^2 tantum in libris *De clementia* reperitur.

64 Siglo *L* a Mazzoli 1982, 205–10 notatus est, quod servare non potui propter *Leidensem Lips. 49.*

65 Malaspina 2001, 156: «il codice presenta infatti caratteri arcaici e vicini ad *N* a fianco di altri più recenti e contaminati; contiene in molti passi ottime lezioni singolari, mentre per altri versi appare già stereotipato e tradizionale. La presenza di tutto ciò in un esemplare tra i più antichi in nostro possesso è forse l'esempio e la prova più chiara della necessità di retrodatare la nascita della tradizione recenziore».

66 Qua de causa *Lipsiensis* primus in recentiorum ordine a me in apparatu laudatus est: confer infra p. 12, 2. 4; 14, 2; 33, 4; 41, 6, quibus hoc addendum est: 4, 12 *laudata* NQ : *laudate* R r.

67 De contentione inter L. D. Reynolds et G. Mazzoli confer Mazzoli 1978, 107, Reynolds 1983, 364 adn. 5 et Mazzoli 1982.

68 Ubi praesto est codex *Monacensis Clm 2544*, iam Carolo Hosius notus (*M*).

Lipsiensis manibus in textum non uno tempore dispersas, ostendere μ classem etiam in libris *De clementia* exstitisse[69].

DE *NAZARIANI* ANTIGRAPHO DEPERDITO IN LIBRIS *DE CLEMENTIA*[70]

Iis omnibus pro virili parte explicatis quae post *archetypon Nazarianum* confectum facta sunt, tempus est tandem ad eiusdem codicis antigraphum deperditum ita revertendi ut inquisitio philologica cum librorum *De clementia* natura et ortu, de quibus iam in initiis mentionem feci[71], concinere possit. In *Nazariani* antigrapho si divinare non queo, ut Lachmann ille, quot in toto codice paginae nec quot in quaque pagina versus fuerint, compertum, opinor, habeo in libris saltem *De clementia* non solum minimam vocabulorum distinctionem fuisse, sed etiam nullam omnino librarii curam et praesertim vix vestigia scripturae litteris capitalibus vel uncialibus exaratae[72]. Haec traditio minoris cuiusdam moduli melius congruit cum antigrapho scriptura minuscula cursiva[73] descripto quam grandiore quae dicitur. Huc accedit quod illis temporibus – ut inter omnes constat – partim novi codices membranacei, partim etiamtunc volumina papyrina describebantur, in quibus septem *De beneficiis* et duo *De clementia* libri minime una capi poterant. Sero igitur eos in unum codicem a

69 Etsi nullus codex μ classi tribui potest, sicut nullum ρ classis adhuc extare supra demonstravimus, animadvertendum est denique utramque necessario postulandam esse propter vestigia in codicibus recentioribus relicta.

70 De his diffusius in Malaspina (ed.), 117–28 et (ed. 2009), 67–70 disputavi.

71 Confer supra p. IX–X.

72 Desunt enim omnino litterarum *A–R*, *E–F*, *F–P*, *L–T*, *H–K*, *M* (dimidiae partis), *O–Q* permutationes, bis occurrit permutatio *I–T* (p. 3, 16 et 7, 17; p. 34, 1 librarius extendit scripturam capitalem inscriptionis in verba prima primi versus); errores denique frequentissimi *E–I* multis aliis modis explicari possunt. Abundant contra permutationes peculiares scripturarum minuscularum (*a–u*, *c–e*, *e–o*, *iu–ui*, *r–s*).

73 Quae fere a saec. III ad VIII viguit, sed propter Flavium Merobaudem (confer supra p. X) concludendum puto libros nostros non post saeculum V erutos et descriptos esse.

monacho quodam congregatos esse, fortasse in ipso *Nazariano*, facile adfirmare possum[74].

Inde coniecturis tantum progredior, libris *De beneficiis* hoc modo sepositis: facere enim non possum quin animo concipiam idcirco eam *Nazariani* antigraphi naturam fuisse quia libri *De clementia* Seneca mortuo numquam in lucem prolati essent, quippe quos Seneca vivus rudes atque inconditos amicis discipulisque reliquisset, cum tantummodo librum primum adduxisset ad umbilicum[75]. Nonne tandem aliquando Neronis naturam melius inspexit vel potius intellexit *clementiam*, cui soli primas partes dederat, in Olympo Stoicarum virtutum locum omnino non habere?[76]

PRINCIPIA HUIUS EDITIONIS

Fundamentum apparatus huius inconcussum est editio mea prior[77], Alexandriae Pedemontanae anno 2001 iterumque 2004 in lucem prolata, non tamen ita ut putes me, paucis vel nullis rebus mutatis, huc illinc omnia transtulisse[78].

74 Huius coniunctionis causam acute Mazzoli 1978, 86, Lactantio (*div. inst.* 6, 11–14) fretus, in illa «reinterpretazione cristiana, che coglie nella virtù della misericordia il comune denominatore di beneficenza e clemenza» invenit.

75 Vallette 1930, Erasmum secutus («Secundus hic liber non videtur esse pars operis superioris, sed initium alterius: nec apparet esse perfectum, nisi quod in Seneca docti desiderant ordinem & connexionem», Erasmus (ed.) 1529, 331) auctor est librum primum re vera orationem Senecae publicam fuisse, secundum philosophicae disputationis adumbrationem, quas Seneca iungere et concinnare vellet (confer Malaspina (ed. 2009), 68 et Braund (ed.), 45).

76 Confer Malaspina 2003. Utinam aliquid certi de clausulis haberemus! Si enim statuere possemus num libri *De clementia* magis an minus numerosi essent quam ceteri Senecani, aut num liber primus et secundus inter se differrent, nova argumenta haberemus ad hanc quaestionem terminandam. Attamen de hoc inter doctos ambigitur (confer Malaspina (ed.), 137–40) neque adhuc quisquam omnes librorum nostrorum clausulas recensuit.

77 Malaspina (ed.), ex qua etiam Malaspina (ed. 2009) in rebus philologicis pendet. Apparatum criticum omnibus lectionibus refertum etiam in pagina http://www.senecana.it/pdf/apparato_de_clementia.pdf invenies.

78 His locis textum novavi: p. 11, 20; 13, 16; 20, 7; 25, 10; 27, 9; 29, 4; 34, 14–15; 35, 7; 35, 11; 39, 8.

Illic enim, cum mihi et locupletissimi commentarii Italice conscripti, in quibus coniecturam quamque singillatim perpenderem, et *Indices*, omnibus antiquorum codicum a me collatorum lectionibus referti, praesto essent, ita potui sarcinis palaeographicis, recentiorum congerie, ineptis coniecturis criticum apparatum liberare ut ille fortasse merito qui *sublimis*[79] nuncuparetur dignus fuisse videatur.

Hic contra nec locus reperiri potest idoneus indicibus inserendis et apparatus ille non *sublimis*, sed, si pari ratione efficeretur, ineptus esset. Libramento itaque quodam temperamentoque inter nimiam copiam et brevitatem opus erat, et haec tandem ratio et via in mentem mihi venit, multum diuque de ea quaestione lucubranti:

- Apparatum plerumque positivum qui dicitur instruxi, locis ubi brevitatis causa bona lectio silentio praeteriri posset exceptis[80]; post *NR*, recentiores laudantur ordine classium Q ϕ ψ π γ σ semper servato, temporum vero ratione neglecta.
- Ut *Nazariani* litteras vel verba a N^2, *R* recentioribusve correcta vel expleta (quae paene innumerabilia sunt) nec litteris cursivis neque ullo alio modo umquam in apparatu textuque notavi, ita signa ⟨ ⟩ ad editorum et virorum mulierumque doctorum coniecturas significandas adhibui, etsi iis non usi sunt[81].
- De recte scribendi ratione idem feci atque in priore editione, cum *Nazariani* inconstantiam[82] sequi mallem quam artis cuiusdam praecepta servare. Ea videlicet emendavi quae cum Senecanis temporibus congruere non poterant, ut, inter alia,

79 Iam in priore editione mentionem huius sententiae feci: «une édition que j'appellerais de type 'sublime', où seul l'essentiel sera noté» (Dain 1964, 175; confer etiam Orlandi 1995, 3–5 et Orlandi 1997, 4–9).

80 Ut puta p. 1, 5 *iuvat tamen* $G5^{1c}$ (add. mrg.) Eras.[2].

81 Semicirculos ( ) in apparatu adhibui ante siglum ut aliquid in lectione explanarem; post siglum ut codicem hunc vel editionem illam illustrarem.

82 *adl–all, adol–adul, ae–oe, as–ass, b–u, ci–ti, cu–quu, d–t, i–y, inr–irr, m–mm, obt–opt, p–pp, r–rr, s–ss, t–tt, u–o, u–y*: confer in universum Hosius (ed. 1914), xxx–xxxii et Malaspina (ed.), 31–2; 131–6; de dativo *quoi* infra p. 35, 17 in apparatu. Dativorum *is/iis* varietatem servavi, sed pro *is* semper forma *îs* apice imposito usus sum (confer 14, 8 in apparatu).

semper *aput*, semel *labsus*[83], casus nominativos singulares in -*os*, duobus exceptis[84].

- *Nazariani* codicis omnes mendas vel ineptissimas notavi, ea tamen condicione ut neque ἀδιαφόρων grammaticorum[85] nec scriptionis quae dicitur continuae[86] ullum exemplum in apparatu reperiatur, nisi si hae mendae aliquod momentum ad comprehendendam sententiam conferant[87];
- Quod ad *Reginensem* recentiorumque silvam attinet, ubi in *Reginensi* idem atque in *Nazariano* legitur notam tantum *N* vel N^{1c} vel N^2 invenias; ubi autem lectio *Reginensis* fons recentiorum est, ibi notam *R* scripsi ita ut semper notam *r*[88] subaudire debeas; ubi denique plerique vel omnes recentiores a *Reginensi* dissentiunt, paulo longius a stricto me tenui iure de descriptis eliminandis, cui contra in editione priore sedule parui, recentioribus uti scis in appendicem relegatis. Itaque nunc nec *R* nec *r*, nunc alterutrum, nunc utrumque notavi, ita ut numquam lectiones singulares, saepe tamen eas mendas notabiliores in apparatu invenias quae sive *Reginensis* sive unius cuiusque recentiorum familiae indoles indicent[89];
- Cum librorum prelo editorum omnium omnes lectiones in priore meo *Indice* ita notatae sint ut historiam quandam textus usque ad modernas quae dicuntur editiones sequi possis, nullo philologo, ne minimi quidem momenti, praetermisso, nihil causae est cur hic idem postules. Nihil fere praeterea memoratu dignum ne in incunabulis quidem inde ab editione prin-

83 P. 41, 12.

84 *Abavos* (p. 15, 12) et *servos* (27, 25), contra *gladios* (11, 17), *numerom* (12, 15) et *tuos* (15, 12), formas a solo PRÉCHAC (ed.) defensas.

85 Ex quibus haec exempli gratia hic laudo, ex primis capitulis deprompta: *Caesar* R : *Cesar* N (p. 1, 1), *vice* N^2 : *vicae* N^1 (1, 2), *frequens* N^2 : *fraequens* N^1 (2, 1), *adhibenda* N^2 : *adi-* N^1 (4, 16).

86 Ut puta in primo primi libri capitulo *fungerer et* N^2 : *fungere ret* N^1 (p. 1, 2) et *vi neque* R : *vineque* N (2, 12–13).

87 Confer p. 5, 21 – 6, 1; 8, 7; 9, 16; 11, 2–3.

88 Has lectiones, quamquam omnino cum *ρ* classe congruunt (confer supra adn. 53), malui siglo *r* signare, quod consensum certum codicum recentiorum notat (confer p. XXXV).

89 Exempli gratia *aleam* NQ^cC2^c Eras.[2] : *aliam* $RC1C2^1$: *albam* r (p. 3, 6).

cipe Neapolitana reperitur ideoque nihil eiusmodi in apparatu meo invenies, cum inter omnes constet Erasmianam anni 1529 primam fuisse quae, *Nazariani* ut diximus ratione habita, summa scientia doctrina ingenio conscriberetur, quia divinus ille vir non ut debuit priorem anni 1515 curavisset[90].

- Tamen brevitatis gratia nonnumquam siglo *edd. vett.* usus sum, quo sive lectiones sive emendationes textus vulgati, qui ab editione principe nonnunquam usque ad saec. XIX pertinuit[91], denotavi. Aliquando denique notatum invenies quid Erasmus, quid Lipsius (uterque etiam in adnotationibus suis), quid Gronovius, quid Haase, quid Gertz, quid denique Teubnerianus Hosius senserint, quia mihi utile videtur lectores curiosos in apparatu ipso saltem de magnis in historia critica ingeniis fieri certiores[92].

Curas philologicas circa libros *De clementia* iuvenili imprudentia anno 1996 suscepi, plane ignarus eas aliquando fastigia summa Bibliothecae Teubnerianae obtenturas esse, sed mihi conscius easdem ad nullum profectum perventuras fuisse nisi bibliothecarii (praesertim Vaticani), magistri, amici, collegae (post etiam discipuli) mihi multis modis consilia monita auxilium identidem tulissent, quibus omnibus iam in priore editione gratias egi. Quorum omnium nomina nolim hic iterare, duobus exceptis, Italo Lana magistro meo carissimo et uxore Sibylla, quae lucubrationes meas vespertinas matutinasque ita humaniter passa est ut sciret

90 Omnes recentiorum et incunabulorum ineptias praeterii, ut puta *armari* pro *amari* (p. 7, 14) aut frequentiorem inter *dementiam* et *clementiam* permutationem. Intende ergo, lector, cur in apparatu multo saepius nota *Eras.*^{2} quam *Eras.* appareat: haec enim re vera non multum a saeculi XV incunabulis differt; illa luculenta Erasmi munera ad librum *De clementia* emendandum praebet.

91 Videlicet ante Gertzianam, quae editio prima, quod ad libros *De beneficiis* et *De clementia* pertinet, Lachmanniana ratione et via confecta est, *Nazariano* denuo reperto.

92 Non solum hoc modo apparatus ieiunitatem enisus sum ut caverem, cum sedule Pauli Maas obsequerer monito («Es herrscht zu wenig Leben in unseren kritischen Apparaten», MAAS 1960, 16), ad quod animum meum Michael Reeve converterat (de his omnibus confer etiam ORLANDI 1997, praesertim 41–2).

eas ne hac quidem editione confecta habituras esse finem. In paginis versibus litteris dilucide et ornate redigendis Florianus Ruppenstein, preli electronici Domus Teubnerianae alacer artifex, saepissime auxilium mihi suppeditavit miro instrumento computatorio utenti quod Stephanus Hagel Vindobonensis commodavit. Andreas Balbo, Iohanna Garbarino, Carolus Lévy, Iohannes Carolus Mazzoli, Salvator Monda, Raphaela Tabacco, Michael Winterbottom collegae, quibus omnibus gratias ago, vel locos quosdam mihi explanaverunt vel opus imperfectum sive ultimas plagulas sive utrumque perlegerunt emendaverunt melius fecerunt. Sed in fine praefationis facere non possum quin fatear quantam gratiam Serenae Pirrotta, Domus Teubnerianae prudentissimae gubernatrici, debeam, quae, optime a Catharina Legutke adiuta, numquam patientiam abrupit propter crebras moras dilationesque a me interpositas in hac editione tempore mihi iniquissimo conficienda, quam tandem gratae memoriae Manlii et Annae parentium consecro.

Qua existimatione, quali caritate, quantis erga hunc librum meritis Michael Reeve apud me floreat una sententia exprimi non potest. Nam non solum adsidua benignitate biennio tarditatem meam oppertus est, sed etiam thesauros doctrinae suae paene divinae et Cantabrigiae domi suae mense Iunio anni 2015 et multis epistulis ante post datis mihi non invidit, etsi interdum vel in textu vel in apparatu vel in hac *Praefatione* aliter statui atque ille suaserat, neque ullus alius praeter me ineptiarum errorum lacunarum noxius est. Si quid ergo in hac editione vel bene vel melius administratum quam in prioribus meis lector benignus invenerit, id sciat ei merito esse tribuendum.

Castri Novi Piceni,
a.d. VII Kal. Sext., Sanctae Annae dicatum,
anno n.S. 2016

INDEX EDITIONUM PRAECIPUARUM[1]

MATTHAEUS MORAVUS in civitate Neapolis 1475 [*editio princeps*].

L. ANNAEI SENECAE *Lucubrationes omnes* ERASMI ROTERODAMI cura, Basileae 1515.

L. ANNEI SENECAE *Opera* per DES. ERASMUM ROTEROD., Basileae 1529 (*Eras.²*).

L. ANNAEI SENECAE *Libri duo de Clementia ad Neronem Caesarem*, JOAN. CALVINI commentariis illustrati, Parisiis 1532 (*Cal.*).

L. ANNAEI SENECAE *Opera quae exstant omnia*, COELII SECUNDI CURIONIS vigilantissima cura castigata, Basileae 1557[1] 1573[2] (*Curio*).

L. ANNAEUS SENECA a M. ANTONIO MURETO correctus, Romae 1585 (*Mur.*).

L. ANNAEI SENECAE *Opera omnia*, studio IANI GRUTERI, Heidelbergae 1604 (*Gruter*).

L. ANNÆI SENECAE PHILOSOPHI *Opera, quae exstant Omnia* a IUSTO LIPSIO emendata, Antverpiae 1605[1] 1614[2] (*Lips.*).

L. ANNAEI SENECAE PHILOSOPHI *Opera quae exstant omnia* a IUSTO LIPSIO emendata. Editio quarta, Antverpiae 1652 (*Lips.⁴*).

L. ANNAEI SENECAE PHILOSOPHI *Opera quae exstant omnia*, hac editione accesserunt I. DALECHAMPII et TH. DE IUGES variae lectiones, Aureliae Allobrogum 1628 (*Dalec.*).

L. ANNÆI SENECAE PHILOSOPHI *Opera omnia* Ex ult. I. LIPSII emendatione, Lugduni Batavorum 1640[2].

L. ANNÆI SENECAE PHILOSOPHI *Opera Omnia*, ex ult. I. LIPSII et I. F. GRONOVII emendat., Lugduni Batavorum 1649 (*Gron.*).

L. ANNAEI SENECAE *Opera* recensuit C. R. FICKERT, t. II, Lipsiae 1843 (*Fickert*).

L. ANNAEI SENECAE *Opera quae supersunt*, recognovit F. HAASE, t. I, Lipsiae 1852 (*Haase*).

L. ANNAEI SENECAE *Opera quae supersunt*, recognovit F. HAASE, t. II, Lipsiae 1853 (*Haase¹*).

L. ANNAEI SENECAE *Libri De beneficiis et De clementia*, ad codicem Nazarianum recensuit M. C. GERTZ, Berolini 1876 (*Gertz*).

L. ANNAEI SENECAE *De beneficiis libri VII; De clementia libri II*, edidit C. HOSIUS, Lipsiae 1900 (*Hosius¹*).

1 In pagina http://www.senecana.it/pdf/bibliografia_de_clementia.pdf index omnium editionum reperiri potest. Sigla semicirculis inclusa litterisque cursivis quae dicuntur exarata editiones et commentationes notant quae in apparatu laudantur; in *Praefationis* adnotationibus editiones a commentationibus facile dinosci possunt quod has annus, illas nota «(ed.)» sequitur.

2 At volumen hoc, Elzeviriorum iussu, iam a Gronovio editum est sub nomine Lipsii, iam pridem defuncti: confer MALASPINA 2000 (b).

L. ANNAEI SENECAE *De beneficiis libri VII; De clementia libri II*, iterum edidit C. HOSIUS, Lipsiae 1914 (*Hosius*[2]).

SÉNÈQUE, *De la clémence*, texte établi et traduit par F. PRÉCHAC, Paris 1921[1] 1925[2] (*Pré.*).

SENECA, *Moral Essays I*, edited & translated by J. W. BASORE, London–New York 1928 (*Basore*).

SÉNÈQUE, *De la clémence*, Commentaire et index par P. FAIDER, C. FAVEZ, P. VAN DE WOESTIJNE, Brugge 1950.

L. ANNAEUS SENECA, *De clementia Über die Güte*, Übersetzt und herausgegeben von K. BÜCHNER, Stuttgart 1970 (*Büch.*).

L. ANNAEI SENECAE *De clementia libri duo*, Prolegomeni, testo critico e commento a cura di E. MALASPINA, Alessandria 2001[1] 2004[2] (*Mala.*).

SÉNÈQUE, *De la clémence*, texte établi et traduit par F.-R. CHAUMARTIN, Paris 2005.

LUCIO ANNEO SÉNECA, *Sobre la clemencia*, Estudio preliminar, traducción y notas de C. CODOÑER, Madrid 2007[2] (*Cod.*).

LUCIO ANNEO SENECA, *La clemenza*, a cura di E. MALASPINA, in *Opere*, vol. V, Torino 2009 (ed. 2009).

SENECA, *De clementia*. Edited with Text, Translation, and Commentary by S. BRAUND, Oxford 2009 (*Braund*).

INDEX COMMENTATIONUM IN PRAEFATIONE ET IN APPARATU CRITICO LAUDATARUM

ADAM, T., Clementia principis. *Der Einfluß hellenistischer Fürstenspiegel auf den Versuch einer rechtlichen Fundierung des Principats durch Seneca*, Stuttgart 1970.

ALEXANDER, W. H., Some debated Passages in the Text of Seneca's De clementia, *Classical Philology* 31 (1936), 348–53 (*Alex.*).

BADSTÜBNER, E., *Beiträge zur Erklärung und Kritik der philosophischen Schriften Senecas*, Gelehrtenschule des Johanneums, Hamburg 1901 (*Bads.*).

BAEHRENS, Æ., *Lectiones Latinae*, Diss. inaug., Bonnae 1870 (*Baeh.*[1]).

BAEHRENS, Æ., censura GERTZ (ed.), *Jenaer Litt. Zeit.* 4, 4 (1877), 62–3 (*Baeh.*[2]).

BICKEL, E., De Merobaude imitatore Senecae, *Rheinisches Museum* 60 (1905), 317.

BISCHOFF, B., *Die Abtei Lorsch im Spiegel ihrer Handschriften*, Lorsch 1989[2].

BORGO, A., *Clementia*: studio di un campo semantico, *Vichiana* 14 (1985), 25–73.

BRAKMAN, C., Annaeana, *Mnemosyne* 56 (1928), 139–58 (*Brak.*).

BUCK, J., *Seneca, De beneficiis und De clementia in der Überlieferung*, Tübingen 1908.

BUSONERO, P., Un caso esemplare di antigrafo e apografo nella tradizione di Seneca: il Pal. lat. 1547 e il Reg. lat. 1529, in PARRONI 2000, 223–67.

CASTIGLIONI, L., Studi Anneani V, Osservazioni ai libri *de Clementia*, *Bollettino di Filologia Classica* 28 (1921), 75–7 (*Cast.*).

CHAMPLIN, E., History and the Date of Calpurnius Siculus, *Philologus* 130 (1986), 104–12.

COURTNEY, E., Conjectures in Seneca's Prose Works, *Bulletin of the Institute of Classical Studies. London* 21 (1974), 100–6 (*Court.*).

DAIN, A., *Les manuscrits*, Paris 1964[3].

DAMSCHEN, G., HEIL, A., WAIDA, M. (edd.), *Brill's Companion to Seneca. Philosopher and Dramatist*, Leiden–Boston 2014.

DE ANGELIS, V., Fedeltà all'antigrafo nell'impostazione della pagina. Il caso dei testi commentati, *Filologia Mediolatina* 2 (1995), 57–68.

EUSSNER, A., censura GERTZ (ed.), *Literarisches Zentralblatt für Deutschland* (1877), 793–4 (*Euss.*).

FELDMANN, J., *Observationes ad L. Annaeum Senecam criticae*, Programm des König. Gymnasiums, Ostrowo 1887 (*Feldm.*).

FERRI, R., Introduction, in *Octavia. A Play Attributed to Seneca*, Cambridge 2003.

FLAMERIE DE LACHAPELLE, G., *Clementia: recherches sur la notion de clémence à Rome, du début du Ier siècle a.C. à la mort d'Auguste*, Bordeaux 2011.

FUCHS H., Zu Seneca De clementia I, 9, 1, *Rheinisches Museum* 108 (1965), 378 (*Fuchs*).

GIUSTA, M., *I Dossografi di Etica*, t. II, Torino 1967 (*Giusta*).

GRIFFIN, M., *Seneca, a Philosopher in Politics*, Oxford 1976[1] 1992[2].

JOH. FRED. GRONOVII *Ad L. & M. Annæos Senecas notae*, Lugduni Batavorum 1649 (*Gron.[1]*).

JANI GRUTERI *Animadversiones in L. Annaei Senecae opera*, t. II, Genevae 1595 (*Gruter[An]*).

HAUPT, M., *Index lectionum, sem. hib. 1864–1865*, Berolini 1865 [= *Opuscula* II, Leipzig 1876 = Hildesheim 1967], 267–85 (*Haupt[1]*).

HAUPT, M., *Index lectionum, sem. aest. 1866*, Berolini 1866 [= *Opuscula* II, Leipzig 1876 = Hildesheim 1967], 313–37 (*Haupt[2]*).

HERMES, E., *Kritische Bemerkungen zu den Schriften des Philosophen Seneca*, Progr. Gymn. Mörs 1896 (*Hermes*).

VON KENNEL, W., Die Hauptdisposition in Senecas De clementia, *Der altsprachliche Unterricht* 22, 6 (1979), 61–4 (*Kennel*).

KOCH, H. A., Zu Seneca de clementia, *Neue Jahrbücher für Philologie und Paedagogik* 109 (1874), 560 (*Koch*).

KRONENBERG, A. J., Ad Senecae libros De beneficiis et De clementia, *Classical Quarterly* 1 (1907), 284–9 (*Kron.[1]*).

KRONENBERG, A. J., Ad Senecam, *Classical Quarterly* 17 (1923), 42–50 (*Kron.[2]*).

KRUCZKIEWICZ, B., censura GERTZ (ed.), *Zeitschrift für die Österreichischen Gymnasien* 28 (1877), 427–40 (*Kru.*).

LEO, F., Coniectanea, *Hermes* 40 (1905), 605–13 (*Leo*).

IUSTI LIPSI *Electorum libri. Epistolicarum quaestionum libri*, in *Opera omnia*, t. I, Antverpiae 1637, 135–216; 310–1 (*Lips.[ep]*).

MAAS, P., *Textkritik*, Leipzig 1960[4].

MADVIG, J. N., *Adversaria critica ad scriptores Graecos et Latinos I*, Hauniae 1871 [= Hildesheim 1967] (*Madvig[1]*).

MADVIG, J. N., *Adversaria critica ad scriptores Graecos et Latinos II*, Hauniae 1873 [= Hildesheim 1967] (*Madvig[2]*).

MALASPINA, E. (a), Una nuova collazione del codice Nazariano del *De clementia*, in PARRONI 2000, 339–75.

MALASPINA, E. (b), J. F. Gronovius, «editore fantasma» delle opere senecane *ex ultima I. Lipsii emendatione* (Leida 1639–1640), *Aevum* 74 (2000), 751–61.

MALASPINA, E., La «preistoria» della tradizione recenziore del *De clementia* (a proposito di Paris, Bib. Nat., lat. 15085 e di Leipzig, Rep. I, 4, 47), *Revue d'Histoire des Textes* 31 (2001), 147–65.

MALASPINA, E., La teoria politica del De clementia: un inevitabile fallimento?, in A. DE VIVO, E. LO CASCIO (edd.), *Seneca uomo politico e l'età di Claudio e di Nerone. Atti del Convegno Internazionale (Capri, 1999)*, Bari 2003, 139–57.

Malaspina, E., censura Chaumartin (ed.), *Bryn Mawr Classical Review* 2006.05.12.
Malaspina, E., *De clementia*, in Damschen-Heil-Waida 2014, 175–80.
Marshall, C. W., *The Works of Seneca the Younger and Their Dates*, in Damschen-Heil-Waida 2014, 33–44.
Mazzoli, G., Sulla *divisio* del *De clementia* di Seneca, *Athenaeum* 52 (1974), 289–94 (*Mazz.*[1]).
Mazzoli, G. (a), *Felicitas* sillana e *clementia principis*, *Athenaeum* 55 (1977), 257–79 (*Mazz.*[2]).
Mazzoli, G. (b), Altri restauri testuali al *De beneficiis* e al *De clementia* di Seneca, *Bollettino dei classici* 25 (1977), 70–88 (*Mazz.*[3]).
Mazzoli, G., Ricerche sulla tradizione medievale del *De beneficiis* e del *De clementia* di Seneca, 1 «Nachleben» fino al sec. 12: Ugo di Flavigny; 2 Il posto del ms. Monac. Clm 2544, *Bollettino dei classici* 26 (1978), 85–109.
Mazzoli, G., Ricerche sulla tradizione medievale del *De beneficiis* e del *De clementia* di Seneca, 3 Storia della tradizione manoscritta, *Bollettino dei classici* 3a, 3 (1982), 165–223.
Francisci Modii *Novantiquae lectiones*, Francofurti 1584 (*Modius*).
Monda, S., censura Malaspina (ed.), *Res Publica Litterarum* 36 (2003), 193–8.
Mostert, M., *The Library of Fleury. A Provisional List of Manuscripts*, Hilversum 1989.
Mueck, H., *Observationes criticae grammaticae in L. Annaei Senecae scripta philosophica*, Diss. inaug., Marburgi Catt. 1890 (*Mueck*).
Müller, J., Kritische Studien zu Seneca De beneficiis und De clementia, *Sitzungsberichte der Kaiserlichen Akademie der Wissenschaften in Wien. Philos.-Hist. Klasse* 127 (1892), 20–6 (*Müller*).
Orlandi, G., Perché non possiamo non dirci lachmanniani, *Filologia Mediolatina* 2 (1995), 1–42.
Orlandi, G., *Recensio* e apparato critico, *Filologia Mediolatina* 4 (1997), 1–42.
Parroni, P. (ed.), *Atti del Convegno internazionale Seneca e il suo tempo (Roma-Cassino 11–14 XI 1998)*, Roma 2000.
Pellegrin, E., *Les manuscrits classiques latins de la Bibliothèque Vaticane*, II, 1 (*Fonds Patetta et Fonds de la Reine*), Paris 1978.
Petersen, R., Zu L. Seneca, *Philologus* 46 (1888), 275 (*Pet.*).
Petrucci, A., Alfabetismo ed educazione grafica degli scribi altomedievali (secc. vii–x), in P. Ganz (ed.), *The Role of the Book in Medieval Culture* I, Turnhout 1986, 109–31.
Ferdinandi Pinciani *In omnia Senecae scripta ex vetust. exemplaribus collatione castigationes utilissimae*, Venetiis 1536 (*Pinc.*).
Préchac, F., Introduction, in Sénèque, *Des bienfaits*, Paris 1926.
Reeve, M. D., *Manuscripts and Methods. Essays on Editing and Transmission*, Roma 2011.
Reynolds, L. D., The Younger Seneca, in L. D. Reynolds (ed.), *Texts and Transmission. A Survey of the Latin Classics*, Oxford 1983, 357–75.

RICHTER, W., Das Problem der Datierung von Seneca De clementia, *Rheinisches Museum* 108 (1965), 146–70 (*Richter*).

DE ROMILLY, J., *La douceur dans la pensée grecque*, Paris 1979.

ROSSBACH, O., *De Senecae philosophi librorum recensione et emendatione (II. De libris qui sunt de beneficiis et de clementia recensendis)*, Vratislaviae 1888 [= Hildesheim 1969] (*Rossb.*[1]).

ROSSBACH, O., censura HOSIUS (ed.) a. 1900, *Berliner Philologische Wochenschrift* 27 (1907), 1478–90 (*Rossb.*[2]).

ROSSBACH, O., censura HOSIUS (ed.) a. 1915, *Berliner Philologische Wochenschrift* 35 (1915), 678–82 (*Rossb.*[3]).

SCHIMMENTI, P., Sulla datazione del *De clementia* (*Clem.* 1,9,1), *Giornale Italiano di Filologia* 53 (2001), 37–68.

SCHULTESS, F., Ad Senecae libros de clementia, *Rheinisches Museum* 33 (1878), 221–31 (*Schu.*).

SHACKLETON BAILEY, D. R., Emendations of Seneca, *Classical Quarterly* 20 (1970), 350–63 (*Bail.*).

SIESBYE, O., Småting, in *Opuscula philologica ad* MADVIGIUM *a discipulis missa*, Hauniae 1876, 253 (*Siesb.*).

SOVERINI, P., La clemenza dei potenti. Considerazioni sul primo libro del *De clementia* di Seneca, *Bollettino di Studi Latini* 30, 1 (2000), 48–61 (*Sov.*).

HENRICI STEPHANI *Ad Senecae lectionem proodopœïa*, sine loco 1586 (*Steph.*).

STOVER, J., Olybrius and the *Einsiedeln Eclogues*, *Journal of Roman Studies* 105 (2015), 288–321.

THOMAS, Æ., Miscellae quaestiones in L. Annaeum Senecam philosophum, *Hermes* 28 (1893), 277–311 (*Thomas*).

VALLETTE, P., *Le De clementia de Sénèque est-il mutilé ou inachevé?*, in *Mélanges P.* THOMAS, Bruges 1930, 687–700.

WAGENVOORT, H., Ad Sen. De clem. I, 3, 5; 19, 8; II, 7, 1, *Mnemosyne* 18 (1965), 184–6 (*Wag.*).

WALTER, F., Zu lateinischen Schriftstellern, *Philologus* 80 (1924), 437–53 (*Walter*[1]).

WALTER, F., Zu Seneca, *Philologische Wochenschrift* 46 (1926), 189–92 (*Walter*[2]).

WATT, W. S., Notes on Seneca De beneficiis, De clementia, and Dialogi, *Harvard Studies in Classical Philology* 96 (1994), 225–40 (*Watt*).

WESSELING, P., *Observationum variarum libri II*, Amstelaedami [sic] 1727 [= Leipzig 1832] (*Wess.*).

VON WILAMOWITZ-MOELLENDORFF, U., Lesefrüchte, *Hermes* 37 (1902), 302–14 [= *Kleine Schriften* IV, Berlin 1962] (*Wil.*).

WINTERBOTTOM, M., censura MALASPINA (ed.), *Bryn Mawr Classical Review* 2001.08.08.

ZWIERLEIN, O., Zur Datierung von Senecas De clementia, *Rheinisches Museum* 139 (1996), 14–32 (*Zwi.*).

CONSPECTUS SIGLORUM

SIGLA CODICUM SAECULO IX EXARATORUM

N = Codex Nazarianus (Vaticanus Palatinus Lat. 1547, saec. IX$^{in.}$)
- *N¹* manus prior ante emendationem
- *N¹ᶜ* manus prior se ipsa emendans
- *N²* manus altera emendans paulo posterior
- *N³* manus recentiores (bis laudantur)
- *Nᶜ* emendatio incertae manus

R = Codex Vaticanus Reginensis Lat. 1529 (saec. IX$^{2/4}$)
- *R¹* manus prior ante emendationem
- *R²* manus prior se ipsa emendans vel altera manus paulo posterior
- *R³* manus recentiores
- *Rᶜ* emendatio incertae manus

SIGLA CODICUM RECENTIORUM

r = consensus codicum recentiorum (praeter laudatos)

Q = Codex Lipsiensis I 4. 47, 33v–39v (saec. XII)

φ = consensus codicum *C C1 C2 C3*
- *C* Codex Parisinus Latinus 15085, 93v–112v (saec. XII)
- *C1* Codex Vaticanus Rossi 604, 284r–295v (saec. XIV)
- *C2* Codex Vaticanus Latinus 1769, 116r–120r (saec. XIV)
- *C3* Codex Vaticanus Latinus 4086, 83r–94r (saec. XIV)

ψ = consensus codicum *π* et *γ* (praeter laudatos)
π = consensus codicum *P P1*
- *P* Codex Parisinus Latinus 6382, 93v–112v (saec. XIII)
- *P1* Codex Universitatis Basiliensis F. IV 14, 219r–227r (saec. XV)

γ = consensus codicum (*A*) *F L T G* (*G1*) (*G2*) (*G3*) (*G4*) (*G5*)
- *A* Codex Erfurtensis Ampl. Q. 3, 95v–110v (1, 1, 1 - 18, 2, saec. XII)
- *F* Codex Laurentianus Plut. LXXVI 36, 35v–42r (saec. XII)
- *L* Codex Leidensis Lips. 49, 125v–141r (saec. XII)
- *T* Codex Parisinus Latinus 8542, 42r–49v (saec. XII)
- *G* Codex Marcianus Latinus Z 268 = 1698, 75v–79r (saec. XIV)
- *G1* Excerpta codicis Vaticani Latini 11543, 124r–126r (saec. XII)
- *G2* Excerpta codicis Vaticani Reginensis 147, 30v–32r (saec. XII)
- *G3* Excerpta codicis Vaticani Reginensis 1637², 72r–77r (saec. XII/XIII)

G4 Excerpta codicis Marciani Latini Z 267 = 1697, 64v–68r (saec. XIV)
G5 Excerpta codicis Vaticani Latini 2214, 98r–103r (saec. XV$^{in.}$)

Classis σ (rarissime laudatur)
S Excerpta codicis Parisini Latini 16592, 103v–105r (saec. XII$^{ex.}$)
S1 Excerpta codicis Marciani Latini VI 174 = 3021, 134r–136v (saec. XIV)
S2 Excerpta codicis Marciani Latini VI 67 = 2551, 70v–71v (saec. XIV)

Codices recentiores ex apparatibus cogniti
$ς^P$ Recentiorum ex *Castigationibus* Pinciani (*Pinc.*) cognitorum unus vel aliquot
$ς^G$ Recentiorum ex *Notis* Gruteri (*Gruter*^{An}) cognitorum unus vel aliquot
$ς^D$ Recentiorum ex app. Dalecampii (*Dalec.*) cognitorum unus vel aliquot
$ς^F$ Recentiorum ex app. Caroli Rudolfi Fickert (*Fickert*) cognitorum unus vel aliquot

COMPENDIA *NAZARIANI* IN TEXTU SERVATA

P. C. Patres Conscripti (17, 22)
res p., rei p., rem p. res publica, rei publicae, rem publicam (2, 13; 3, 16–17; 7, 2; 7, 16 *bis*; 7, 20–21; 12, 20; 19, 22; 26, 14 *bis*)
R. Romanus (21, 5)
p.R. populus Romanus (2, 17; 3, 6; 14, 23; 15, 21)

COMPENDIA IN APPARATU ADHIBITA

¶ = pars extrema paginae codicis *N*
/ = pars extrema versus codicis *N*
adn. = in adnotationibus vel commentariis vel scholiis vel notis
app. = in apparatu vel sim.
dist. = distinxit vel sim.
del. = delevit vel sim.
dub. = dubitanter
e.g. = exempli gratia
mrg. = in margine
om. = omisit vel sim.
ras. = in rasura
ss. = suprascriptum vel sim.
suppl. = supplevit vel sim.
ut vid. = ut videtur (lectio codicis incerta)
ver. = versus

EDITORUM ET COMMENTATORUM COMPENDIA IN APPARATU ADHIBITA

edd. = Editores praeter laudatos
edd. vett. = Lectio vulgata editionis principis ab editoribus (non ultra *Fickert*) asservata
Agr. = R. Agricola Frisius in adn. *Eras.*[2], 330 (lib. I), 333 (lib. II)
Alex. = ALEXANDER 1936
Bads. = BADSTÜBNER 1901, 27
Baeh.[1] = BAEHRENS 1870, 40–3
Baeh.[2] = BAEHRENS 1877
Bail. = SHACKLETON BAILEY 1970, 360
Basore = BASORE (ed.)
Bent. = R. Bentley in app. *Hosius*
Brak. = BRAKMAN 1928, 152–3
Braund = BRAUND (ed.)
Büch. = BÜCHNER (ed.)
Cal. = CALVINUS 1532 (ed.)
Cast. = CASTIGLIONI 1921
Cod. = CODOÑER (ed.), XIX–XX
Court. = COURTNEY 1974, 105
Curio = CURIO (ed. 1557 et 1573)
Dalec. = DALECAMPIUS (ed.)
Eras. = ERASMUS (ed. 1515 et 1529); *sed confer adn. 90*
Eras.[2] = ERASMUS (ed. 1529)
Euss. = EUSSNER 1877, 794
Feldm. = FELDMANN 1887, 25–6
Fickert = FICKERT (ed.)
Fuchs = FUCHS 1965
Gertz = GERTZ (ed.)
Giusta = GIUSTA 1967, 349
Gron. = GRONOVIUS (ed. 1640 et 1649)
Gron.[1] = GRONOVIUS 1649, 83–96; 422–3
Gruter[An] = GRUTER 1595
Gruter = GRUTER (ed.)
Haase = HAASE (ed. 1852)
Haase[1] = HAASE (ed. 1853, XXV)
Haupt[1] = HAUPT 1865
Haupt[2] = HAUPT 1866
Hermes = HERMES 1896, 11–5
Hosius = HOSIUS (ed. 1900 et 1904)
Hosius[1] = HOSIUS (ed. 1900)
Hosius[2] = HOSIUS (ed. 1914)
Kennel = VON KENNEL 1979
Koch = KOCH 1874
Kron.[1] = KRONENBERG 1907, 287–9
Kron.[2] = KRONENBERG 1923, 47–8
Kru. = KRUCZKIEWICZ 1877, 437–40
Leo = LEO 1905, 610–1
Lips.[ep] = LIPSIUS 1637, 148–9; 198; 310–1
Lips. = LIPSIUS (ed. 1605 et 1614)
Lips.[3] = LIPSIUS (ed. 1605 et 1614, commentarii)
Lips.[4] = LIPSIUS (ed. 1652)
Madvig[1] = MADVIG 1871, 33
Madvig[2] = MADVIG 1873, 424–31
Madvig[3] = J. N. Madvig in app. et pp. 267; 281 *Gertz*
Mala. = MALASPINA (ed.)
Mazz.[1] = MAZZOLI 1974
Mazz.[2] = MAZZOLI 1977a
Mazz.[3] = MAZZOLI 1977b, 81–8
Modius = MODIUS 1584, *epp.* 21; 49
Mueck = MUECK 1890, 7, 17; 30–2
Müller = MÜLLER 1892
Mur. = MURETUS (ed.)
Neap. = Editio princeps anni 1475
Pet. = PETERSEN 1888
Pinc. = PINCIANUS 1536, 27r–29v
Pré. = PRÉCHAC (ed.)
Reeve = M. D. Reeve per litteras
Richter = RICHTER 1965
Rossb.[1] = ROSSBACH 1888, 19; 23–5; 147–9
Rossb.[2] = ROSSBACH 1907
Rossb.[3] = ROSSBACH 1915
Schu. = SCHULTESS 1878
Siesb. = SIESBYE 1876
Sku. = O. Skutsch in app. *Hosius*[2]
Steph. = STEPHANUS 1586, 67–8

Sov. = Soverini 2000, 60–1
Thomas = Thomas 1893, 293–7
Ven. = Editio Veneta anni 1492
Wag. = Wagenvoort 1965
Walter[1] = Walter 1924, 444–5
Walter[2] = Walter 1926, 189–90
Watt = Watt 1994, 230–1
Wesen. = Wesenberg in app. et adn. *Gertz*
Wess. = Wesseling 1727, ii, cap. 24, p. 263
Wil. = von Wilamowitz-Moellendorff 1902, 307
Wint. = M. Winterbottom per litteras
Zwi. = Zwierlein 1996, 16 adn. 13; 19–26

L. ANNAEI SENECAE
DE CLEMENTIA

LIBER I

1 Scribere de clementia, Nero Caesar, institui, ut quodam modo speculi vice fungerer et te tibi ostenderem perventurum ad voluptatem maximam omnium. Quamvis enim recte factorum verus fructus sit fecisse nec ullum virtutum pretium dignum illis extra ipsas sit, iuvat inspicere et circumire bonam conscientiam, tum inmittere oculos in hanc inmensam multitudinem discordem, seditiosam, inpotentem, in perniciem alienam suamque pariter exultaturam si hoc iugum fregerit, *** ita loqui secum:

[2] «Egone ex omnibus mortalibus placui electusque sum qui in terris deorum vice fungerer? Ego vitae necisque gentibus arbiter! Qualem quisque sortem statumque habeat in mea | manu positum 126r est; quid cuique mortalium fortuna datum velit meo ore pronuntiat; ex nostro responso laetitiae causas populi urbesque concipiunt; nulla pars usquam nisi volente propitioque me floret; haec tot milia gladiorum, quae pax mea conprimit, ad nutum meum stringentur; quas nationes funditus excidi, quas transportari, quibus libertatem dari, quibus eripi, quos reges mancipia fieri quorumque capiti regium circumdari decus oporteat, quae ruant urbes, quae oriantur, mea iuris dictio est. [3] In hac tanta facultate rerum non ira me ad iniqua supplicia conpulit, non iuvenilis impetus, non temeritas hominum et contumacia, quae saepe tranquillissimis quoque pectoribus patientiam extorsit, non ipsa ostentandae per terrores

Inscr. LB ANNEI SENECE DEBENEFICI / LIB. VII · EXPL · / INCIP · LIB · I DECLEMENTIA / FELICITER *N*
5 iuvat tamen *G5*^{1c} (*add. mrg.*) *Eras.*^{2} | circumire *R* : cir circum ire N^{1} : circum ire N^{2} ‖ **6** hanc *r* : hac *N* ‖ **8** *** ita *scripsi* : ita *N* : et ita *C1C3 edd.* : itaque *Cal.* *Supple e.g.* ⟨salutare, necessarium, a te impositum et⟩ ita ‖ **10** -que gentibus N^{2} : quigentibus N^{1} | *dist. Gertz* : arbiter? *dist. Haase* ‖ **12** mortalium R^{2} : motalium *N* : motarlium R^{1} | fortuna *R* : fortuna## (*ex* -natû?) N^{c} ‖ **15** gladiorum quae N^{2} : gradiorumq: N^{1} ‖ **21** tranquillissimis N^{3} (-ili-) *Q π AFL*^{c}*T*^{c} : -ilissimi N^{1}

potentiae dira, sed frequens magnis imperiis gloria. Conditum, immo, constrictum apud me ferrum est, summa parsimonia etiam vilissimi sanguinis; nemo non, cui alia desunt, hominis nomine apud me gratiosus est. [4] Severitatem abditam, at clementiam in procinctu habeo; sic me custodio tamquam legibus, quas ex situ ac tenebris in lucem evocavi, rationem redditurus sim. Alterius aetate prima motus sum, alterius ultima; alium dignitati donavi, alium humilitati; quotiens nullam inveneram misericordiae
126v causam, | mihi peperci. Hodie diis inmortalibus, si a me rationem repetant, adnumerare genus humanum paratus sum».

[5] Potes hoc, Caesar, audacter praedicare: omnia quae in fidem tutelam⟨que tuam venerunt tuta ha⟩beri, nihil per te neque vi neque clam adimi rei p. Rarissimam laudem et nulli adhuc principum concessam concupisti: innocentiam. Non perdit operam nec bonitas ista tua singularis ingratos aut malignos aestimatores nancta est; refertur tibi gratia: nemo unus homo uni homini tam carus umquam fuit quam tu p.R., magnum longumque eius bonum. [6] Sed ingens tibi onus inposuisti: nemo iam divum Augustum nec Ti. Caesaris prima tempora loquitur nec, quod te imitari

2 *et* **4** apud *R* : aput *N* ‖ **4** at N^2: ac N^1 ‖ **5** ex situ *Q Gruter*^{An} : exitu *N* : ex abdito *r edd. vett.* ‖ **6** in lucem evocavi N^2 : inluce me vocavi N^1 | sim N^2 : sum N^1 ‖ **8** humilitati *R* : humiliti N^1 : humilitiati N^{1c} ‖ **9** peperci N^c : perperci N^1 : peperi *Baeh.*[1] ‖ **12** *suppl. Gertz* (*ex* ς^P) : tute lâberj N^1 (-ṛj N^2) : tute / lamberi *R* : Omniaque in fide et) tutela haberi *C* : omnium quae in fidem) tutelamque tuam venerunt *C3 Pinc.* : omnia quae in fidem) tutelamque tuam venerunt ς^P : omnia in fida) tutela haberi *Eras.*[2] : tutelam⟨que tuam venerunt diligentissime fov⟩eri *Haase* : omnia a te in fide)li tutela haberi *Haupt*[2] : omnia quae in fidem) ⟨et⟩ tutelam ⟨acceperis salva ha⟩beri *Madvig*[2] : *alii alia* ‖ **13** clam adimi *Haupt*[2] : clamati *N* : clam (R. P. ereptum *T Eras.*[2] : clam ⟨damni par⟩ari *Haase* : clam ⟨damni da⟩ri *Madvig*[2] : clam ⟨dari damni⟩ *Gertz* : *alii alia* ‖ **13–14** rarissimam – concessam. Concupisti innocentiam *dist. Kron.*[1] ‖ **13–14** principum N^2 : principium N^1 ‖ **14** innocentiae *Wesen.* (*ausim potius* Innocentia non *e.q.s., quod multo meliorem clausulam efficit*) | perdit N^1 *Gertz* : perdis N^2 *edd.* : perdidit *Cast.* (*ut tempus* nancta est *ver.* ***16*** *sequatur*). ‖ **15** singularis N^2 : -ari N^1 | aestimatores N^1 : est- N^2 ‖ **16** tibi gratia N^2 : tigratia N^1 ‖ **18** ingens *QALT* : indigens *N* | onus N^c : honus N^1 | nemo *R* : nemo #### (*ras.* III–IV *litterarum*) N^c : nemo ⟨nemo⟩ *Baeh.*[2] ‖ **19** quod *R* : qu̇od *N*

velit, exemplar extra te quaerit: principatus tuus ad gustum exigitur. Difficile hoc fuisset, si non naturalis tibi ista bonitas esset, sed ad tempus sumpta: nemo enim potest personam diu ferre. Ficta cito in naturam suam reccidunt; quibus veritas subest quaeque, ut ita dicam, ex solido enascuntur, tempore ipso in maius meliusque procedunt. [7] Magnam adibat aleam p.R. cum incertum esset quo se ista tua nobilis indoles daret; iam vota publica in tuto sunt; nec enim periculum est ne te subita tui capiat oblivio. Facit quidem avidos nimia felicitas, nec | tam temperatae cupiditates 127r sunt umquam ut in eo quod contingit desinant; gradus a magnis ad maiora fit et spes improbissimas conplectuntur insperata adsecuti; omnibus tamen nunc civibus tuis et haec confessio exprimitur, esse felices, et illa, nihil iam his accedere bonis posse, ut perpetua sint. [8] Multa illos cogunt ad hanc confessionem, qua nulla in homine tardior est: securitas alta, afluens, ius supra omnem iniuriam positum; obversatur oculis laetissima forma rei p., cui ad summam libertatem nihil deest nisi pereundi licentia. [9] Praecipue tamen aequalis ad maximos imosque pervenit clementiae tuae admiratio: cetera enim bona pro portione fortunae suae quisque sentit aut expectat maiora minoraque, ex clementia

1 te *del. Baeh.*^{2} | gustum *N* (*confer* SEN. ep. *85, 1;* SUET. Nero *33, 3;* PLIN. ep. *4, 27, 5; Gron.*^{1} *p. 84*) : augustum *R* : ⟨eum⟩ gustum ⟨quem dedisti⟩ *Mur.* : ⟨anni⟩ gustum *Lips.*^{ep} : obrussam *Haase* : gustum ⟨sui⟩ *vel* ⟨suum⟩ *Gertz* (*dub. app.: «*gustum *... nude positum offendit»*) : ius tuum *Bads.* : gustatum *Büch.* : *alii alia* ‖ **2** fuisset N^{2} : fuisse N^{1} ‖ **4** naturam *R* : # naturam (a *ras. ut vid.*) N^{c} | reccidunt *N Gertz* : recidunt *r* ‖ **5** ex solido N^{2} : exolido N^{1} ‖ **6** meliusque (*optima clausula*) N^{2} : melius N^{1} : ⟨ac⟩ melius *Pré.* (*dub. app., sed contra usum*) | aleam $NQ^{c}C2^{c}$ *Eras.*^{2} : aliam $RC1C2^{1}$: albam *r* ‖ **7** quo–tua *Haase* : quos estatus $N^{1}R^{1}$: quo se status *dist.* $N^{2}R^{c}Q$ *φ* : quo se statu *r* : quo se statim *Eras.*^{2} : quos aestus tua *Baeh.*^{2} | mobilis *Gertz* ‖ **9** nimia N^{2} : nimi N^{1} ‖ **10** contigit *S1 Eras.*^{2} (*non male, propter clausulam*) | gradus N^{2} : gratus N^{1} ‖ **12** adsecuti N^{1c} : adsecuta N^{1} | omnibus N^{2} : onibus N^{1} ‖ **13** esse ⟨se⟩ *Eras.*^{2} ‖ **14** ut (*vi deprecativa*) *N Gertz* : nisi ut *LT* ‖ **15** afluens N^{1} *dubitanter praetuli Havet contra* ThlL *1, 1242, 21–32 et Reeve secutus* (*confer Mala. p. 246–7*) : affluens N^{2} *edd.* : *** adfluens *Bail.* (⟨opulentia⟩ *vel* ⟨copia⟩ *e.g. suppl.* ‖ **16** positum obversatur oculis, laetissima *dist. Gertz* | obversatur *QAT* : obversasatur N^{1} : obversabatur N^{2} : obversans autem *Pré.* ‖ **16–17** forma rei p. *C* : formaret p̃s̃ N^{1} : formarei p̃ N^{2} ‖ **17** pereundi licentia *Eras.*^{2} : per eum diligentia NR^{1} *r* pereumdi licentia $R^{2?}$ ‖ **18** aequalis N^{2} : -les N^{1} ‖ **20** clementia N^{2} : clentia N^{1}

omnes idem sperant; nec est quisquam cui tam valde innocentia sua placeat ut non stare in conspectu clementiam paratam humanis erroribus gaudeat.

2 Esse autem aliquos scio qui clementia pessimum quemque putent sustineri, quoniam nisi post crimen supervacua est et sola haec virtus inter innocentes cessat. Sed primum omnium, sicut medicinae apud aegros usus, etiam apud sanos honor est, ita clementiam, quamvis poena digni invocent, etiam innocentes
127v colunt. Deinde habet haec | in persona quoque innocentium locum, quia interim fortuna pro culpa est, nec innocentiae tantum clementia succurrit, sed saepe virtuti, quoniam quidem condicione temporum incidunt quaedam quae possint laudata puniri. Adice quod magna pars hominum est quae reverti ad innocentiam possit, si ***. [2] Non tamen vulgo ignoscere decet: nam, ubi discrimen inter malos bonosque sublatum est, confusio sequitur et vitiorum eruptio; itaque adhibenda moderatio est, quae sanabilia ingenia distinguere a deploratis sciat. Nec promiscuam habere ac vulgarem clementiam oportet nec abscisam: nam tam omnibus ignoscere crudelitas quam nulli. Modum tenere debemus, sed, quia difficile est temperamentum, quidquid aequo plus futurum est in partem humaniorem praeponderet.

2 placeat N^2 : placea N^1 ‖ **4** clementia *N* : -iam *G Gertz* ‖ **5** sustineri N^2 : -ere N^1 *Gertz* ‖ **7** medicinae N^2 : medecinae N^1 | apud (*bis*) *R* : aput *N* ‖ **8** etiam N^{1c} : etam N^1 ‖ **10** innocentiae tantum *G* : innocentia aetatum N^1 : -ti aetati $N^2QC2C3T$: -tia aetati (clementi *R r* ‖ **12** adice N^2 : adici N^1 ‖ **13** reverti ad *R* : rever##tiad N^c ‖ **14** *lacunam stat. Gruter*^{An} *Lips.*^{3} : si non *N* : Sed non Q^1ATG *edd.* : si ⟨non sustuleris spem veniae⟩. Non *Gertz* (*e.g. app.; malim* ⟨n. s. clementiae spem⟩) : si ⟨ignoscas⟩. Non *Pré.* : si ⟨poenae remissio fuerit⟩. Non *Basore* ‖ **15** inter N^{1c} : iter N^1 | bonosque N^2 : bonosquae N^1 ‖ **18** vulgarem N^2 *r* : vulgare N^1R ‖ **19** crudelitas est C^cC2^cC3 *ψ S edd.* | nulli Modum N^2 (nulli;modô) *r* : nullimodô N^1 : nulli 7 modo *R* ‖ **21** partem N^2 : parte N^1

3 Sed haec suo melius loco dicentur. Nunc in tres partes omnem hanc materiam dividam: prima erit *** †manu missionis†; secunda ea quae naturam clementiae habitumque demonstret: nam, cum sint vitia quaedam virtutes imitantia, non possunt secerni nisi signa quibus dinoscantur inpresseris; tertio loco quaeremus quomodo ad hanc virtutem perducatur animus, quomodo | confirmet eam et usu suam faciat. 128r

[2] Nullam ex omnibus virtutibus homini magis convenire, cum sit nulla humanior, constet necesse est non solum inter nos, qui hominem, sociale animal, communi bono genitum videri volumus, sed etiam inter illos qui hominem voluptati donant, quorum omnia dicta factaque ad utilitates suas spectant: nam, si quietem petit et otium, hanc virtutem naturae suae nanctus est, quae pacem amat et manus retinet. [3] Nullum tamen clementia ex omnibus magis quam regem aut principem decet. Ita enim magnae vires decori gloriaeque sunt, si illis salutaris potentia est: nam pestifera vis est valere ad nocendum.

Illius demum magnitudo stabilis fundataque est quem omnes tam supra se esse quam pro se sciunt, cuius curam excubare pro salute singulorum atque universorum cotidie experiuntur, quo procedente non, tamquam malum aliquod aut noxium animal e

2 dividam N^2 : devitam N^1 | *aliquid desiderari suspicatus est Lips.*[3]*, crucem adposuit Gertz, sed verba inter cruces potius ex margine illata puto* : manu missionis *NRCT* : manumissionis *QPAFL Hosius* : manuductionis *Lips.*[3] : manus iniectionis *Madvig*[2] : in ani⟨mi re⟩missi bonis *Thomas* : animi remissionis *Kron.*[1] : humanae missionis *Alex.* : m⟨agni⟩ animi s⟨ua⟩sionis *Giusta* : humanae condicionis *Büch.* : manus remissioris *Mazz.*[1] : ⟨fortuna⟩ humanissimi hominis *Kennel* : magnorum missionis *Sov.* : ma⟨g⟩nani⟨mitas m⟩issionis *Cod.* : *alii alia* ‖ **3** secunda–quae *Gertz* : secundæ atque N^1 : secunda quae N^2 *edd.* | demonstret *Q^1CP γ* : -ent *N* ‖ **5** nisi ⟨iis⟩ *Gertz* ‖ **6** quaeremus *CC3T* : querimus N^1 : quaerimus N^2 ‖ **7** confirmet N^{1c} : confrmet N^1 ‖ **8** homini magis *Q^cLG Gertz* (*confer ver.* ***14–15****;* Sen. ep. *40, 11; 51, 2; 76, 3*) : homini *N* : plus homini *C* : magis homini *T edd.* : homini ⟨verius⟩ *Pré.* ‖ **10** communi bono genitum N^2 : commune ibono genito N^1 ‖ **12** spectant N^2 : spetant N^1 ‖ **13** otium N^2 : totium N^1 | hanc virtutem ⟨ad finem⟩ naturae suae *Büch.* (*supervacaneum si* naturae suae *dativo casu sumitur*) ‖ **16** vires N^{1c} : viri N^1 : viris *R* virtutes magnis) viris *T edd. vett.* | gloriaeque N^2 : gloriae quae N^1 ‖ **17** nocendum N^{1c} : noctendum N^1 ‖ **18** omnes *R* : oñis *N* ‖ **21** malum N^2 : malo N^1 ‖ **21–6,1** animal e cubili N^2 : animale cubili N^1

cubili prosilierit, diffugiunt, sed tamquam ad clarum ac beneficum sidus certatim advolant. Obicere se pro illo mucronibus insidiantium paratissimi et substernere corpora sua si per stragem illi humanam iter ad salutem struendum sit, somnum eius nocturnis
128v excubiis muniunt, latera obiecti circumfusique | defendunt, incurrentibus periculis se opponunt. 4 Non est hic sine ratione populis urbibusque consensus sic protegendi amandique regis et se suaque iactandi quocumque desideravit imperantis salus; nec haec vilitas sui est aut dementia, pro uno capite tot milia excipere ferrum ac multis mortibus unam animam redimere, non numquam senis et invalidi. 5 Quemadmodum totum corpus animo deservit et, cum hoc tanto maius tantoque speciosius sit, ille in occulto maneat tenuis et in qua sede latitet incertus, tamen manus, pedes, oculi negotium illi gerunt, illum haec cutis munit, illius iussu iacemus aut inquieti discurrimus, cum ille imperavit, sive avarus dominus est, mare lucri causa scrutamur, sive ambitiosus, iam dudum dextram flammis obiecimus aut voluntariam sub⟨ivimus mortem aut *** sub⟩siluimus; sic haec inmensa multitudo unius animae circumdata illius spiritu regitur, illius ratione flectitur, pressura se ac fractura viribus suis nisi consilio sustineretur. **4** Suam itaque incolumitatem amant, cum pro uno homine denas legiones in aciem deducunt, cum in primam frontem pro-

1 beneficum N^2 *r* : beneficium N^1*RS* ‖ **2–4** advolant. Obicere – sit, somnum *dist. Gertz apte ad sententiam* : advolant, obicere – sit. Somnum *dist. Q γ Eras. meliore clausula* ‖ **6** opponunt N^2R^2 : opuununt N^1 : oppununt N^{1c} : oponunt R^1 ‖ **7** regis *Gertz* : reges *N* ‖ **8** desideravit N^2 : desiteravit N^1 ‖ **9** vilitas N^2 : vilidas N^1 ‖ **11** invalidi N^2 : invalidis N^1 ‖ **14** manus N^c : magnus N^1 ‖ **15** inquieti N^{1c} : inquietis N^1 ‖ **17** flammis *r* : flamis *N* ‖ **17–18** voluntariam–sub⟩siluimus *scripsi* (*supple e.g.* sub⟨ivimus mortem aut ad civile ferrum sub⟩siluimus; *de huiusmodi exemplis cum vitio vel* specie virtutis *coniunctis confer* SEN. ep. *74, 21; 76, 20*) *ex* voluntariam ⟨mortem oppetivimus ***⟩ subsiluimus *Haase* : voluntariam subsiluimus *N* : voluntarie sub solum ivimus *Lips.*^{3} : voluntarii in aquam subsiluimus *Euss.* : voluntariam viam sub solum imus *Schu.* : voluntarii sub terram saluimus *Feldm.* : voluntarii ⟨terram⟩ subsiluimus *Hosius* : voluntariam ⟨in mortem⟩ subsiluimus *Alex.* : voluntaria morte in libertatem⟩ s. *Wag.* : *alii alia* ‖ **19** unius animae *Eras.*^{2} : unius anima *N r* : uniusani / usanima *R* : uni ut animo *Leo* | circumdata *r* : circa data *N* ‖ **22** densas *Gertz* : devotas *Leo* (*uterque perperam; confer* Bell. Hisp. *42, 7;* SEN. ep.*95, 70; 104, 30*)

currunt et adversa vulneribus pectora ferunt ne imperatoris sui signa vertantur. Ille est enim vinculum per quod res p. cohaeret, ille spiritus vitalis quem haec tot milia trahunt, | nihil ipsa per se 129r futura nisi onus et praeda si mens illa imperii subtrahatur:

> «Rege incolumi mens omnibus una;
> amisso rupere fidem».

[2] Hic casus Romanae pacis exitium erit, hic tanti fortunam populi in ruinas aget: tam diu ab isto periculo aberit hic populus quam diu sciet ferre frenos, quos si quando abruperit vel aliquo casu discussos reponi sibi passus non erit, haec unitas et hic maximi imperii contextus in partes multas dissiliet, idemque huic urbi finis dominandi erit qui parendi fuerit. [3] Ideo principes regesque et quocumque alio nomine sunt tutores status publici non est mirum amari ultra privatas etiam necessitudines: nam, si sanis hominibus publica privatis potiora sunt, sequitur ut is quoque carior sit in quem se res p. convertit. Olim enim ita se induit rei p. Caesar ut seduci alterum non posset sine utriusque pernicie: nam et illi viribus opus est et huic capite.

5 Longius videtur recessisse a proposito oratio mea, at mehercules rem ipsam premit. Nam si, quod adhuc colligit, tu animus rei p. tuae es, illa corpus tuum, vides, ut puto, quam necessaria sit clementia: tibi enim parcis cum videris alteri parcere. Parcendum itaque est etiam inprobandis civibus non aliter quam membris languentibus et, si quando misso sanguine opus est, sustinenda est

Rege–fidem Verg. *g.* 4, 212 (...una est Verg. *codd.*) – 213

2 enim *del. Haase* | per quod res p. *N²* : peioresp̃ *N¹* : quo res publica *Gertz* : ⟨per quod im⟩perio res publica *Mazz.³* ‖ **3** utilis *Eras.²* ‖ **4** futura *N¹ᶜ* : futuru *N¹* ‖ **5** incolumi *N¹ r* : incolomi *NᶜRA* ‖ **8** diu *N²* : dio *N¹* ‖ **10** discussos *N²* : -sus *N¹* ‖ **12** principes *N²* : -pis *N¹* ‖ **14** amari *N²* : ari *N¹* ‖ **15** is *N²* : his *N¹* ‖ **16** res p. *N¹ᶜ* : re sp(iritus) *N¹* ‖ **17** ut seduci *N²* : vis educi *N¹* : ut diduci *Cal.* ‖ **18** et[1] *A Gertz* : ut *N* | huic *N²* : hic *N¹* ‖ **19–20** at mehercules *RQᶜ* : adme hercules *N¹* : atme her- *N²* ‖ **20** colligit tu *N Gertz* : colligitur tu *ς^F* : colligitur *edd.* : collegit tu *Baeh.²* ‖ **21** tu *P1T* : tute *Pré.* : *del. Braund* ‖ **24–8,1** *suppl. Haase* (*confer p.* ***28, 17–18*** reducenda manus est) *ex* sustinenda ⟨manus⟩ *Dalec.* (*adn.*) : sustinendum est *P1TG edd. vett. a Ven.* : sustinenda ⟨dextra⟩ *Schu.* : s. est ⟨acies⟩ *Pré.* : ⟨acus⟩ s. est *Walter¹* : s. est ⟨tamen ultio⟩ *Mazz.³* : *alii alia*

129v ⟨manus⟩, ne ultra quam | necesse sit incidat. [2] Est ergo, ut dicebam, clementia omnibus quidem hominibus secundum naturam, maxime tamen decora inperatoribus quanto plus habet apud illos quod servet quantoque in maiore materia apparet. Quantulum enim nocet privata crudelitas! Principum saevitia bellum est. [3] Cum autem virtutibus inter se sit concordia nec ulla altera melior aut honestior sit, quaedam tamen quibusdam personis aptior est. Decet magnanimitas quemlibet mortalem, etiam illum infra quem nihil est; quid enim maius aut fortius quam malam fortunam retundere? Haec tamen magnanimitas in bona fortuna laxiorem locum habet meliusque in tribunali quam in plano conspicitur.

[4] Clementia, in quamcumque domum pervenerit, eam felicem tranquillamque praestabit, sed in regia, quo rarior, eo mirabilior. Quid enim est memorabilius quam eum cuius irae nihil obstat, cuius graviori sententiae ipsi qui pereunt adsentiuntur, quem nemo interpellaturus est, immo, si vehementius excanduit, ne deprecaturus est quidem, ipsum sibi manum inicere et potestate sua in melius placidiusque uti hoc ipsum cogitantem: «Occidere contra legem nemo non potest, servare nemo praeter me»? [5] Ma-
130r gnam fortunam magnus animus decet, | qui, nisi se ad illam extulit et altior stetit, illam quoque infra ad terram deducit; magni autem animi proprium est placidum esse tranquillumque et iniurias atque offensiones superne despicere. Muliebre est furere in ira, ferarum vero et ⟨ne⟩ generosarum quidem praemordere et urguere

1 incidat *P1*^{c} : insidat *N Schu. Walter*^{1} *Pré. Mazz.*^{3} : incidas *Pinc.* ‖ **4** apud *R* : haput *N*^{1} : aput *N*^{2} | quod *N*^{2} : qud *N*^{1} ‖ **5** crudelitas? *dist. Cal.* : crudelitas. ⟨at⟩ *Gertz* ‖ **6** inter se sit *Eras.*^{2} : inter *N*^{1}*R* : inter sit *N*^{c}*T* : instet *Q*^{1} : inter se *ς*^{F} *Cast.* : intercedat *Gertz* (*dub. app.*) ‖ **7** melior aut *N*^{2} : meliora ut *N*^{1} ‖ **8** magnanimitas *N*^{2} : magna animitas *N*^{1} | mortalem *N*^{2} : -le *N*^{1} ‖ **10** magnanimitas *R* : magna nimitas *N* : *del. Pinc.* ‖ **14** tranquillamque *N*^{c} : tram- *N*^{1} | rarior *N*^{2} : ratior *N*^{1} | eo mirabilior *N*^{2} : omirabilior *N*^{1} : eo memorabilior *C3 Gertz* (*dub. app.*) : hoc mirabilior *Pré.* ‖ **19** cogitantem *N*^{2} : -te *N*^{1} ‖ **21** se ad *N*^{2} : sedad *N*^{1} ‖ **22** infra ad terram *S2* (*dubitanter praetuli, Lips.*^{3} *secutus*) : infra terram *N* : in terram *Lips.*^{3} *fortasse recte* : infra *Haase Rossb.*^{1} : infractam *Pet.* : infra turbam *Müller* : *alii alia* ‖ **23** placidum *N*^{2} : -tum *N*^{1} ‖ **24** despicere *N*^{2} : dispicere *N*^{1} ‖ **25** ferarum *N*^{2} : ferararum *N*^{1} | *suppl. Haase* : et generosarum *N*^{1c} : et ninerosarum *N*^{1} : et non generosarum *C* : nec generosarum *ς*^{G} *Hosius* : et generosarum ⟨ne id⟩ *Baeh.*^{2}

proiectos. Elephanti leonesque transeunt quae inpulerunt; ignobilis bestiae pertinacia est. [6] Non decet regem saeva nec inexorabilis ira (non multum enim supra eum eminet cui se irascendo exaequat); at si dat vitam, ⟨si⟩ dat dignitatem periclitantibus et meritis amittere, facit quod nulli nisi rerum potenti licet: vita enim etiam superiori eripitur, numquam nisi inferiori datur. [7] Servare proprium est excellentis fortunae, quae numquam magis suspici debet quam cum illi contigit idem posse quod diis, quorum beneficio in lucem edimur tam boni quam mali. Deorum itaque sibi animum adserens princeps alios ex civibus suis, quia utiles bonique sunt, libens videat, alios in numerum relinquat; quosdam esse gaudeat, quosdam patiatur.

6 Cogitato in hac civitate, in qua turba, per latissima itinera sine intermissione defluens, eliditur quotiens aliquid obstitit quod cursum eius velut torrentis rapidi moraretur, in qua tribus eodem tempore theatris vi|ae postulantur, in qua consumitur quidquid 130v terris omnibus aratur, quanta solitudo ac vastitas futura sit si nihil relinquitur nisi quod iudex severus absolverit. [2] Quotus quisque ex quaesitoribus est qui non ex ipsa ea lege teneatur qua quaerit? Quotus quisque accusator vacat culpa? Et nescio an nemo ad dandam veniam difficilior sit quam qui illam petere saepius meruit. [3] Peccavimus omnes, alii gravia, alii leviora, alii ex destinato, alii forte inpulsi aut aliena nequitia ablati, alii in bonis consi-

1–2 ignobilis N^2 : -les N^1 ‖ **3** eminet N^c : eminit N^1 ‖ **4** at N^2 : ad N^1 | vitam N^{1c} : vitat N^1 | *suppl. Ven.* : aut dignitatem *Braund fortasse recte* ‖ **5** amittere N^2 : adm- N^1 | potienti *Eras.*^{2} ‖ **7** suspici N^{1c} : suscepici N^1 ‖ **8** debet N^c : devet N^1 ‖ **10** animum N^{1c} : anmum N^1 | civibus N^2 : ciubus N^1 ‖ **13** Cogitato *T Haupt*^{2} : Cogitate *N Eras.*^{2} : Cogita tu *Lips.*^{3} : Cogita[te] *Haase* : cogita tecum *Walter*^{2} | itinera *r* : itenera *N* ‖ **14** eliditur *Q*^{c}*A* : eligitur *N* : elidit *Leo* | quotiens N^1 : quoties N^2 | aliquid N^2 : -it N^1 ‖ **16** theatris viae postulantur *C*^{2}*ALTG* : theatrisui ¶ aepostolantur *N* : theatriisui aepostolantur *R* : theatri sui (*spatium*) p(rae)stolantur *Q* : theatris mimi postulantur *Lips.*^{3} : t. viae populo stipantur *Gertz* : t. caveae postulantur *Hosius* : *alii alia* ‖ **17** creatur *Baeh.*^{2} (*de hac* arandi *verbi notione confer* ThlL *2, 627, 24–30*) | quanta N^2 : quata N^1 ‖ **18** relinquetur *Wesen.* | Quotus quisque N^2 : quodtuquisquae N^1 ‖ **19** quaesitoribus ς^D *Mur.* (*adn.; confer Madvig*^{2} *p. 425*) : quaestoribus *N* | ex ipsa ea N^1 (*formula iuris; confer Mala. p. 280*) : ex ipsa N^2 *edd.* : ipsa ea *Eras.*^{2} : ea ipsa ς^F *Curio* (*probat Reeve*) : et ipsa *Lips.*^{3} : et ipse ea *Gertz* | lege N^{1c} : legi N^1 ‖ **23** aliena N^{1c} : alieni N^1

liis parum fortiter stetimus et innocentiam inviti ac retinentes perdidimus; nec deliquimus tantum, sed usque ad extremum aevi delinquemus. 4 Etiam si quis tam bene iam purgavit animum ut nihil obturbare eum amplius possit ac fallere, ad innocentiam tamen peccando pervenit.

7 Quoniam deorum feci mentionem, optime hoc exemplum principi constituam ad quod formetur, ut se talem esse civibus quales sibi deos velit. Expedit ergo habere inexorabilia peccatis atque erroribus numina, expedit usque ad ultimam infesta perniciem? Et quis regum erit tutus cuius non membra haruspices colligant? 2 Quod si dii placabiles et aequi delicta potentium non 131r statim fulminibus persequuntur, quanto | aequius est hominem hominibus praepositum miti animo exercere imperium et cogitare uter mundi status gratior oculis pulchriorque sit, sereno et puro die, an cum fragoribus crebris omnia quatiuntur et ignes hinc atque illinc micant! Atqui non alia facies est quieti moratique imperi quam sereni caeli et nitentis. 3 Crudele regnum turbidum tenebrisque obscurum est, inter trementes et ad repentinum sonitum expavescentes ne eo quidem qui omnia perturbat inconcusso.

Facilius privatis ignoscitur pertinaciter se vindicantibus: possunt enim laedi dolorque eorum ab iniuria venit; timent prae-

1 retinentes *NRPL Gertz* : renitentes *QCP1AFTG* (*probat Reeve*) ‖ **2** deliquimus P^cATG^c : derelinquimus *NRC* π : delinquimus QG^1 : dereliquimus *FL* : delinquemus *Lips.*[3] ‖ **3** delinquemus *Lips.* : -quæmus N^1 : -quimus N^2 ‖ **4** fallere N^c : pallere N^1 ‖ **7** principi constituam *R* : principiconstuam *N* ‖ **8** deos N^2 : deus N^1 | velit N^c : vellit N^1 | expedit N^2 : expetit N^1 ‖ **9** numina N^2 : nomina N^1 | expedit usque ad N^2 : expeditus quae N^1 : expedit usquae N^c : expedit usque in *Madvig*[3] ‖ **10** Ecquis *Pinc.* | regum N^2 : regnum N^1 | tutus N^2 : totus N^1 ‖ **10–11** tutus? cuius non membra haruspices colligent? *Madvig*[2] (*quod Reeve quoque probat, sed malim cum conpluribus vim consecutivam servare; confer Mala. p. 281*) ‖ **10** haruspices N^2 : harruspicis N^1 ‖ **11** placabiles sunt $ς^D$ *Eras.*[2] | aequi *QTG2G3* : aeque *N* | nocentium *Cast.* ‖ **13** miti N^2 : mitti N^1 ‖ **15** cum N^2 : com N^1 | fragoribus N^{1c} : fracoribus N^1 | crebris N^2 : crebis N^1 | ignes N^2 : ignis N^1 ‖ **16** micant N^2 : migant N^1 | moderatique *T Gertz Rossb.*[3] (*sed confer* Cic. div. *1, 66*) ‖ **17** imperi N^1 : imperii N^2 | nitentis N^2 : nititentes N^1 | turbidum N^2 : turpidum N^1 ‖ **19** expavescentes *r* : expavis- *N* | perturbat N^2 : praeturbat N^1 ‖ **22** l(a)edi *r* : leti *N*

terea contemptum et non rettulisse laedentibus gratiam infirmitas videtur, non clementia; at cui ultio in facili est, is omissa ea certam laudem mansuetudinis consequitur. [4] Humili loco positis exercere manum, litigare, in rixam procurrere ac morem irae suae gerere liberius est: leves inter paria ictus sunt; regi vociferatio quoque verborumque intemperantia non ex maiestate est.

8 Grave putas eripi loquendi arbitrium regibus, quod humillimi habent. «Ista - inquis - servitus est, non imperium.» Quid? Tu non experiris istud nobilem esse tibi servitutem? Alia condicio est
eorum qui in turba, quam non excedunt, latent, quorum | et 131v
virtutes, ut appareant, diu luctantur et vitia tenebras habent; vestra facta dictaque rumor excipit et ideo nullis magis curandum est qualem famam habeant quam qui, qualemcumque meruerint, magnam habituri sunt. [2] Quam multa tibi non licent quae nobis beneficio tuo licent! Possum in qualibet parte urbis solus incedere sine timore, quamvis nullus sequatur comes, nullus sit domi, nullus ad latus gladius; tibi in tua pace armato vivendum est. Aberrare a fortuna tua non potes: obsidet te et quocumque descendis magno apparatu sequitur. [3] Est haec summae magnitudinis servitus, non posse fieri minorem, sed cum diis tibi communis ista necessitas est. Nam illos quoque caelum adligatos tenet nec magis illis descendere datum est quam tibi tutum: fastigio tuo adfixus es. [4] Nostros motus pauci sentiunt, prodire nobis ac recedere et mutare habitum sine sensu publico licet; tibi non magis quam soli

1 contemptum N^2 : -ptu N^1 | laedentibus *QCA* : let- N^1 : led- (*fortasse* lęd-) N^2 | ⟨malam⟩ gratiam *Steph.* ‖ **2** at N^2 : ad N^1 ‖ **2–3** est is omissa ea certam N^2 : estis omissae accerta N^1 ‖ **4** litigare N^2 : ligare N^1 | morem irae suae N^2 : mor## mirae suae N^c ‖ **5** vociferatio N^{1c} : -rati N^1 ‖ **6** verborumque N^c : verborum quae N^1 ‖ **8** habent? *dist. Lips.* | inquis *T* : inquit *N Gron.* | Quid tu? *dist. Mur.* ‖ **9** nobilem esse *Wil.* (*de ἐνδόξου δουλείας notione confer* Ael. v.h. *2, 20*) : nobis esse *N Hosius*[1] : nobis esse imperium *Q* : nobis esse non *Eras.*[2] : *locum desperatum esse censuit Gertz* : expertus istud) nosti esse *Schu.* : *alii alia* ‖ **10** quorum et *R* : quorum ### ¶ et N^c ‖ **11** appareant *R* : appereant *N* ‖ **12** dictaque N^2 : dic quae N^1 | cavendum *Eras.*[2] ‖ **14** magnam N^2 : Magna N^1 ‖ **15** licent? *dist. Haase* ‖ **16** sine timore N^2 : inaetimore N^1 | *locus suspectus* : ⟨custos⟩ sit domi *Wesen.* : sit dolo(n) mihi *Hosius*[2] (*app.*) ‖ **17** gladius N^2 : gladios N^1 | arce *Baeh.*[1] *Gertz* ‖ **18** potes *R* : po#tes# N^c ‖ **18–19** descendis *R* : decendis *N* ‖ **19** summa *Mur.* ‖ **20** ista *Eras.*[2] (*confer* Sen. *Herc. f.* 449) : ipsa *N Hos.* ‖ **22** tibi. Tu item *Gertz* : tibi (tutum *del.*) *Mur.* | es $N^{1c}R^2$: est N^1R^1

latere contingit. Multa contra te lux est, omnium in istam conversi oculi sunt; prodire te putas? Oreris! [5] Loqui non potes nisi ut vocem tuam quae ubique sunt gentes excipiant, irasci non potes nisi ut omnia tremant, quia neminem adfliges nisi ut quidquid circa fuerit quatiatur. Ut fulmina paucorum periculo cadunt,
132r om|nium metu, sic animadversiones magnarum potestatum terrent latius quam nocent, non sine causa: non enim quantum fecerit, sed quantum facturus sit, cogitatur in eo qui omnia potest.

[6] Adice nunc quod privatos homines ad accipiendas iniurias opportuniores acceptarum patientia facit, regibus certior est ex mansuetudine securitas, quia frequens vindicta paucorum odium opprimit, omnium irritat. [7] Voluntas oportet ante saeviendi quam causa deficiat, alioqui, quemadmodum praecisae arbores plurimis ramis repullulant et multa satorum genera ut densiora surgant reciduntur, ita regia crudelitas auget inimicorum numerum tollendo: parentes enim liberique eorum qui interfecti sunt et propinqui et amici in locum singulorum succedunt.

9 Hoc quam verum sit admonere te exemplo domestico volo. Divus Augustus fuit mitis princeps, si quis illum a principatu suo aestimare incipiat; in communi quidem rei p. gladium movit, cum hoc aetatis esset quod tu nunc es. Duodevicensimum egressus

1 contigit *Wesen.* | contra *N* (*dubitanter praetuli, ratus hic lucem simul et a βασιλείᾳ et ab imperatore ut a Sole diffusam eandem esse atque apud Ecphantum Pythagoricum; confer* Stob*. 4, 7, 64 et Mala. p. 289–90*) : circa *Lips.*^{3} : contra⟨cta intra⟩ *Mazz.*^{3} ‖ **2** putas *QT* : putes *N edd. vett. Hosius*^{2} | Oreris N^1Q : oriris N^2 *edd.* ‖ **4** tremant *Mur.* : praemant N^1 : praemantur N^2 | quia N^1Q^c : sic N^2 (*ss.*) *γ edd.* : sic quia *R* : sic quis *C* : : quin *Baeh.*^{2} : *del. Rossb.*^{1} | adfliges *Haase*^{1} *Gertz* : adflige N^1 : adfligere N^2 *Hos* : potes affligere *S edd.* ‖ **6** animadversiones magnarum N^2 : -nis magnorum N^1 ‖ **9** privatos N^2 : -tus N^1 | accipiendas N^2 : -nda N^1 ‖ **14** repullulant $Q^cC1PAFLS$: re##pu## / lulant N^c : repululant RQ^1C2T ‖ **15** numerum N^2 : -rom N^1 ‖ **20** iam communi *AFLS* : iam communione *Hosius*^{2} (*app.*), *sed hic* commune *substantive pro* communione *accipiendum est (confer* ThlL *3, 1977, 51–80); aliter aliquid post* rei p. *intercidisse conicere licet* | rei p̃· *NR* : re p. *QC π AFT* : R · p· commodo *L* : rei p. ⟨clade⟩ *Madvig*^{2} : rei publicae ⟨perturbatione⟩ *Fuchs* : rei publicae ⟨confusione⟩ *Zw.* : *alii alia* | movit, cum *dist. AFLT Pré.* : movit. Cum *dist. Gruter*^{An} *Zw.* ‖ **21** es. Duodevicensimum *dist.* N^2RQL (*confer* Praefat. *p.* VIII) : es, duodevice(n)simum *dist. A Eras.*^{2} : es; deinde vicensimum *Richter Kennel* : es; nondum vicensimum *Fuchs* : duodevicensimum – annum *del. Zw.*

annum iam pugiones in sinum amicorum absconderat, iam insidiis M. Antonii consulis latus petierat, iam fuerat collega proscriptionis, [2] sed, cum annum quadragensimum transisset et in Gallia moraretur, delatum est ad eum indicium L. Cinnam, | stolidi 132v
ingenii virum, insidias ei struere; dictum est et ubi et quando et quemadmodum adgredi vellet (unus ex consciis deferebat). [3] Constituit se ab eo vindicare et consilium amicorum advocari iussit. Nox illi inquieta erat, cum cogitaret adulescentem nobilem, hoc detracto integrum, Cn. Pompei nepotem, damnandum: iam unum hominem occidere non poterat cui M. Antonius proscriptionis edictum inter cenam dictarat! [4] Gemens subinde voces varias emittebat et inter se contrarias: «Quid ergo? Ego percussorem meum securum ambulare patiar me sollicito? Ergo non dabit poenas qui tot civilibus bellis frustra petitum caput, tot navalibus, tot pedestribus proeliis incolume, postquam terra marique pax parta est, non occidere constituat, sed immolare?» (nam sacrificantem placuerat adoriri). [5] Rursus silentio interposito maiore multo voce sibi quam Cinnae irascebatur: «Quid vivis, si perire te tam multorum interest? Quis finis erit suppliciorum? Quis sanguinis? Ego sum nobilibus adulescentulis expositum caput in quod mucrones acuant: non est tanti vita, si, ut ego non peream, tam multa perdenda sunt». [6] Interpellavit tandem illum Livia uxor et: «Admittis - inquit - muliebre consilium? Fac quod medici solent, qui, ubi usitata remedia non procedunt, temptant contraria. Seve-

2 consulis N^2 : consolis N^1 ‖ **2–3** proscriptionis *r* : proscribitionis *N* ‖ **3** LX *Wess.* : sexage(n)simum *Gertz Thomas* | et in ψ *S* : in *N* ‖ **4** vel solidi *ss.* L^c : solidi *G Haase* ‖ **5** et quando et ψ *S* : et *N* ‖ **6** vellet N^c : vellit N^1 ‖ **6–7** constituit se *QALTS* : constituisse *N* ‖ **9** integrum *R* : intecrum *N* ‖ **10** cui M. Antonius *Madvig*[2] : cum m̃· antonius *N edd.vett.* : cum *Cal.* : cum M. Antonio *Pinc.* : qui M. Antonio *Lips.*[3] : ⟨qui tot nomina adiecerat⟩ cum M. Antonius *Leo* | proscriptionis N^c : proserip- N^1 ‖ **11** dictarat *Pinc. Madvig*[2] : -ret *N edd. vett.* : dictasset *Braund* ‖ **15** proeliis incolume *Mur.* : praelii sin colume (*ut vid.*) N^1 : praeliis incolume N^{1c} | terra *r* : terram *N* | marique N^2 : mariquae N^1 ‖ **16** parta N^2 : parata N^1 *Gertz* (*contra usum; confer* *Aug.* r.gest. *13, 1;* *Sen.* apoc. *10, 2;* *Suet.* Aug. *22;* ThlL *10, 1, 3, 401, 76–7; 402, 2–5; 10, 1, 6, 869, 11–22: «var. l.* parata *vix recte praeferunt edd.», U. Keudel; 876, 44–5)* ‖ **16–17** sacrificantem placuerat N^2 : sacrifican templa#cu / erat (a *ras. ut vid.*) N^1 ‖ **20** quod N^1R : quo N^2 ‖ **22** multi perdendi *Lips.*[3] ‖ **23** inquit N^2 : inquid N^1 | muliebre *r* : muebrae *N* ‖ **24** usitata remedia N^2 : usitare media N^1

133r ritate nihil adhuc | profecisti: Salvidienum Lepidus secutus est, Lepidum Murena, Murenam Caepio, Caepionem Egnatius, ut alios taceam quos tantum ausos pudet. Nunc tempta quomodo tibi cedat clementia. Ignosce L. Cinnae: deprensus est, iam nocere tibi non potest, prodesse famae tuae potest.» [7] Gavisus sibi quod advocatum invenerat, uxori quidem gratias egit, renuntiari autem extemplo amicis quos in consilium rogaverat imperavit et Cinnam unum ad se arcessît dimissisque omnibus e cubiculo, cum alteram Cinnae poni cathedram iussisset: «Hoc - inquit - primum a te peto, ne me loquentem interpelles, ne medio sermone meo proclames; dabitur tibi loquendi liberum tempus. [8] Ego te, Cinna, cum in hostium castris invenissem, non factum tantum mihi inimicum, sed natum, servavi, patrimonium tibi omne concessi. Hodie tam felix et tam dives es ut victo victores invideant. Sacerdotium tibi petenti, praeteritis conpluribus quorum parentes mecum militaverant, dedi. Cum sic de te meruerim, occidere me constituisti». [9] Cum ad hanc vocem exclamasset procul hanc ab se abesse dementiam: «Non praestas - inquit - fidem, Cinna: convenerat ne interloquereris. Occidere, inquam, me paras»; adiecit locum, socios, diem, ordinem insidiarum, cui commissum esset ferrum. [10] Et cum defixum videret nec ex conventione iam, sed ex consci-
133v entia | tacentem: «Quo - inquit - hoc animo facis? Ut ipse sis princeps? Male mehercules cum p.R. agitur si tibi ad inperandum nihil praeter me obstat: domum tueri tuam non potes (nuper libertini hominis gratia in privato iudicio superatus es), adeo nihil facilius potes quam contra Caesarem advocare. Cedo, si spes tuas solus inpedio: Paulusne te et Fabius Maximus et Cossi et Servilii

1 Salvidienum *T* : salvidenum *N Eras.*[2] ‖ **2** Egnatius *NQ* : ign- *R* ‖ **3** pudet N^2 : putet N^1 ‖ **4** cedat *r* : caedat *N* ‖ **5** prodesse N^2 : pro#esse N^1 | gavisus N^{1c} : cavisus N^1 | Gavisus sibi, *dist. Eras.*[2] : Gavisus, sibi *dist. Madvig*[3] ‖ **8** arcessit *NRC* (*apicem inposui, ut saepissime infra; confer e.g. p.* **21, 20; 24, 5**) : accersit *r* : accersivit *AL Wesen.* | dimissisque N^2 : demis- N^1 | e N^2 : se N^1 ‖ **10** sermone N^{1c} : -nes N^1 ‖ **11** tibi N^{1c} : tib N^1 ‖ **13** hodie N^c : hodiae N^1 ‖ **18** *et* **22** inquit N^2 : inquid N^1 ‖ **20** socios N^{1c} : socius N^1 | esset N^{1c} : estset N^1 ‖ **21** videret N^2 : viderit N^1 ‖ **22** Quo N^2 : quoc N^1 | sis N^2 : sit N^1 ‖ **26** putas *Haase Kru.* | advocare? *dist. Q γ* : advocares! *Pré.* | sis, spes *Gertz* ‖ **27** inpedio N^2 : inpendio N^1 | fabius N^2 : favius N^1 | Servilii *CTG* : servilia *N* : Servili iam *Pré.*

ferent tantumque agmen nobilium non inania nomina praeferentium, sed eorum qui imaginibus suis decori sint?» [11] Ne totam eius orationem repetendo magnam partem voluminis occupem (diutius enim quam duabus horis locutum esse constat, cum hanc poenam, qua sola erat contentus futurus, extenderet): «Vitam - inquit - tibi, Cinna, iterum do, prius hosti, nunc insidiatori ac parricidae. Ex hodierno die inter nos amicitia incipiat; contendamus utrum ego meliore fide tibi vitam dederim an tu debeas». [12] Post hoc detulit ultro consulatum, questus quod non auderet petere, amicissimum fidelissimumque habuit, heres solus illi fuit. Nullis amplius insidiis ab ullo petitus est.

10 Ignovit abavos tuus victis: nam, si non ignovisset, quibus inperasset? Sallustium et Cocceios et Dellios et totam chortem primae admissionis ex adversariorum castris conscripsit; iam Domitios, Messalas, Asinios, Cicerones, quidquid floris erat in ci|vitate clementiae suae debebat. Ipsum Lepidum quam diu mori 134r
passus est! Per multos annos tulit ornamenta principis retinentem et pontificatum maximum non nisi mortuo illo transferri in se passus est: maluit enim illum honorem vocari quam spolium. [2] Haec eum clementia ad salutem securitatemque perduxit; haec gratum ac favorabilem reddidit, quamvis nondum subactis p.R. cervicibus manum inposuisset; haec hodieque praestat illi famam quae vix vivis principibus servit. [3] Deum esse non tamquam iussi credimus; bonum fuisse principem Augustum, bene illi parentis nomen convenisse fatemur ob nullam aliam causam quam quod

1 ferent N^{2} : ferem N^{1} | agmen *r* : agmem *N* ‖ **2** sunt *Q^{1}CATG3 Mur* ‖ **3** repetendo N^{1c} : -dum N^{1} | occupem *γ* : occupit N^{1} : occupet N^{2} ‖ **7** inter nos N^{2} : inter N^{1} : inter nos ⟨vera⟩ *Gertz* (*dub. app.*) : inter nos ⟨iterum⟩ *Pré.* : inter nos ⟨integra⟩ *Mazz.*[3] ‖ **9** consulatum ψ : -latus *N* ‖ **10** solus N^{2} : solu N^{1} ‖ **12** Ignovit abavos *Baeh.*[2] *Rossb.*[3] : ignovitaba vos N^{1} : ignovit abavus N^{2} *edd.* | tuus *r* : tuos *N Baeh.*[2] *Rossb.*[3] ‖ **13** Sallustios *Gertz* (*dub. app.*) | Dellios *vel* Deillios *Lips.*[3] : du ollios *N* : duollios *R φ* : duellios *Q π FT* | chortem *N Hosius* : cohortem *r* ‖ **14** primae *Modius* (*dub.*) *Gruter*[An] (*dub.*) : primam *N Lips.* : primae et interioris $ς^{D}$: primam interioris *Agr.* ‖ **17** retinentem N^{1c} : -tes N^{1} ‖ **19** honorem *R* : honerem *N* ‖ **21** favorabilem *r* : fabor- *N* ‖ **22** praestat *C* : praesta *N* ‖ **23** vivis *R* : ei ibis *N* ‖ **24** bonum – Augustum *del. Haase Kru.* (*nota ex margine illata?*) | fuisse *Baeh.*[2] : esse *N* : *om. ψ* : *del. edd.* ‖ **25** nullam aliam N^{c} : nulla malitiâ N^{1}

contumelias quoque suas (quae acerbiores principibus solent esse quam iniuriae) nulla crudelitate exsequebatur, quod probrosis in se dictis adrisit, quod dare illum poenas apparebat cum exigeret, quod quoscumque ob adulterium filiae suae damnaverat adeo non occidit ut dimissis quo tutiores essent diplomata daret. 4 Hoc est ignoscere, cum scias multos futuros qui pro te irascantur et tibi sanguine alieno gratificentur, non dare tantum salutem, sed praestare.

134v **11** Haec Augustus senex aut iam in senectutem | annis vergentibus; in adulescentia caluit, arsit ira, multa fecit ad quae invitus oculos retorquebat. Comparare nemo mansuetudini tuae audebit divum Augustum, etiam si in certamen iuvenilium annorum deduxerit eius senectutem plus quam maturam: fuerit moderatus et clemens, nempe post mare Actiacum Romano cruore infectum, nempe post fractas in Sicilia classes et suas et alienas, nempe post Perusinas aras et proscriptiones. 2 Ego vero clementiam non voco lassam crudelitatem; haec est, Caesar, clementia vera, quam tu praestas, quae non saevitiae paenitentia coepit: nullam habere maculam, numquam civilem sanguinem fudisse; haec est in maxima potestate verissima animi temperantia et humani generis †conpraenditte sibi mor†: non cupiditate aliqua, non temeritate ingenii, non priorum principum exemplis corruptum, quantum sibi in cives suos liceat experiendo temptare, sed hebetare aciem

1 acerbiores *R* : acerviores *N* ‖ **4** filiae *N* : familiae *R edd. vett.* ‖ **5** occidit N^2 : occidi N^1 | dimissis *R* : demisisis N^1 : dimisisis N^2 : dimissis iis *Gertz* | tutiores N^2 : tot- N^1 ‖ **7** sanguine N^2 : sangune N^1 | gratificentur *T Mur.* : gratificantem *N* : gratificantur *Eras.*^{2} | salutem R^1 *r* : salute NR^2 ‖ **9** senex *R* : senix *N* ‖ **10** arsit N^{1c} : aruit N^1 : ac ruit *Pré.* : *del. Court.* | ad quae *CT* : atque *N* | invitus *NC* : invictus *R* ‖ **11** oculos *r* : oculus *N* | retorquebat *R* : retror- *N* : retro torquebat *Gertz* (*dub. app.*) | mansuetudini *Q φ PFL* : -nae *N* ‖ **13** deduxerit eius *Gertz* : deduxerit et *N* : deduxerit *Eras.*^{2} ‖ **16** Perusinas *T* : perusionas *N* : perusianas *C Gertz* (*dub. app.*) ‖ **19** civilem N^c : ciullem N^1 | fudisse *r* : fuisse *N* ‖ **21** conpraenditte sibi mor *N* : conprendit te sibi mor *R* : conprendit ⟨terminos⟩ *Haase* : conprendens ut sui amor *Gertz* (*dub.*) : non conprehensibilis (*ex* incompr- *Agr.*) amor *Madvig*^{2} : comprendit te sibi ⟨temperantissimum ti⟩mor *Alex.* : communis patriae amor *Richter* conprendendi item sibi amor *Mazz.*^{3} : *alii alia* ‖ **22** ingenii *Gertz* (*ex* ingeni *Baeh.*^{1}) : incendii *N* (*vel* incendi *edd.*) | principum N^c : -ium N^1 | corruptum *Mur.* : -tis *N* ‖ **23** hebetare *r* : hevetare *N*

imperii sui. [3] Praestitisti, Caesar, civitatem incruentam et hoc quod magno animo gloriatus es, nullam te toto orbe stillam cruoris humani misisse, eo maius est mirabiliusque quod nulli umquam citius gladius commissus est. [4] Clementia ergo non tantum honestiores, sed tutiores praestat ornamentumque imperiorum est simul et certissima salus.

Quid enim est cur reges consenuerint liberisque ac nepotibus | tradiderint regna, tyrannorum execrabilis ac brevis potestas sit? 135r Quid interest inter tyrannum ac regem (species enim ipsa fortunae ac licentia par est), nisi quod tyranni in voluptatem saeviunt, reges non nisi ex causa ac necessitate? **12** «Quid ergo? Non reges quoque occidere solent?» Sed quotiens id fieri publica utilitas persuadet; tyrannis saevitia cordi est. Tyrannus autem a rege factis distat, non nomine: nam et Dionysius maior iure meritoque praeferri multis regibus potest et L. Sullam tyrannum appellari quid prohibet, cui occidendi finem fecit inopia hostium? [2] Descenderit licet e dictatura sua et se togae reddiderit, quis tamen umquam tyrannus tam avide humanum sanguinem bibit quam ille, qui septem milia civium Romanorum contrucidari iussit et, cum in vicino ad aedem Bellonae sedens exaudisset conclamationem tot milium sub gladio gementium, exterrito senatu: «Hoc agamus - inquit - P. C.; seditiosi pauculi meo iussu occiduntur»?

1 praestitisti *R* : praestetisti *N* ‖ **2** toto orbe *r* : tot orbem *N* ‖ **3** eo maius *Mur.* : comaius *N* : quo maius *R r* : quod maius *CT* ‖ **5** tutiores *QCGSS2* : totiores *NR* : potiores ψ : securiores *S1* ‖ **7** Quid enim est? *dist. Lips.*^{4} : *del. Eras.*^{2} | cur *Gron.* : cum *N* : ⟨quod⟩ cum *Haase* : ⟨cur⟩ cum *Baeh.*^{2} ‖ **8–9** tyrannorum ... tyrannum *R* : tyrranorum ... tyrranum N^1 : tyranorum ... tyranum N^c ‖ **8** potestas *R* : potetas *N* | sit? *Q* (*confer Madvig*^{2} *p. 426*) : sit *NR* φ : est ψ *edd.* : est? *dist. Gron.* ‖ **9–11** regem (species — est), nisi — necessitate? *dist. Gertz* : regem? species — est, nisi — necessitate *QAL* : regem, species — est? Estne — necessitate? *Gertz* (*dub. adn.*) ‖ **10** nisi *R* : ni *N* | tyranni N^c : tyrranni N^1 | in voluptatem ς^p *Fickert* : in -tate *N edd. vett.* : voluptate *G4 Lips.* : ex voluptate *Curio* ‖ **12** solent? Solent *T Hosius* (*dub. app., sed confer e.g.* SEN. ira *2, 14, 2*) ‖ **13** tyrannis ... tyrannus N^c : tyrrannis ... tyrrannus N^1 ‖ **14** factis distat *C Gertz* : factis dis / *N* : factis discrepat *Q* : distat factis ψ *edd.* ‖ **17** reddiderit *R* : redderit *N* ‖ **18** tyrannus *R* : tyrranus *N* | avide N^c : havide N^1 | bibit *R* : vivit *N* ‖ **19** contrucidari *R* : contrucitaturi N^1 : contrucitari N^c ‖ **19–22** iussit et, cum — occiduntur? *dist. Gertz* : iussit? Et cum — occiduntur *dist. QALT Eras.*^{2} ‖ **21** gladio *R* : gaudio *N* ‖ **22** iussu *R* : iusso *N*

Hoc non est mentitus: pauci Sullae videbantur. [3] Sed mox de Sulla, cum quaeremus quomodo hostibus irascendum sit, utique si in hostile nomen cives et ex eodem corpore abrupti transierint. Interim, hoc quod dicebam clementia efficit, ut magnum inter
135v regem tyrannumque discrimen sit, | uterque licet non minus armis valletur; sed alter arma habet quibus in munimentum pacis utitur, alter ut magno timore magna odia conpescat nec illas ipsas manus quibus se commisit securus aspicit. [4] Contrariis in contraria agitur: nam, cum invisus sit quia timetur, timeri vult quia invisus est et illo execrabili versu qui multos praecipites dedit utitur:

«Oderint, dum metuant»,

ignarus quanta rabies oriatur ubi supra modum odia creverunt. Temperatus enim timor cohibet animos, assiduus vero et acer et extrema admovens in audaciam iacentis excitat et omnia experiri suadet. [5] Sic feras linea et pinnae clusas contineant. Easdem a tergo eques telis incessat: temptabunt fugam per ipsa quae fugerant proculcabuntque formidinem. Acerrima virtus est quam ultima necessitas extundit; relinquat oportet securi aliquid metus multoque plus spei quam periculorum ostentet; alioqui, ubi quiescenti paria metuuntur, incurrere in pericula iuvat et ⟨ut⟩ aliena

Oderint–metuant *Acc. Atr.* 203 R^2

1 pauci Sullae *Lips.* : paucis / ylle *N* : paucisylle R^1 : pauci syll(a)e R^3 *edd.* | de Sulla *Lips.* : desylla *N* : ⟨plura⟩ de S. *Reeve* (mox de *non Senecanum; sed confer* Cɪc. div. *2, 38*) ‖ **2** cum quaeremus *Madvig*^{1} : consequeremus *N* : consequemur *ψ edd.* : cum loquemur *Lips.*^{3} : ⟨cum⟩ consequemur *Hosius*^{1} (*dub. app.*) : *alii alia* ‖ **3** ex eodem *R* : exodem *N* ‖ **5** sit. Uterque *dist. Q Gertz* | non minus armis *R* : non minus ar / *N* : dominus armis *Madvig*^{2} : conminus armis *Baeh.*^{2} : hominibus armatis *Schu.* : non minus ⟨altero⟩ armis *Wesen.* ‖ **6** habet N^c (*ras.*) R^2 : habet et N^1 : #bet (*ut vid.*) R^1 | utatur *S2 Wesen.* ‖ **9** nam cum *C* : Nan c *N* : nanc *R* : nam *Q* : Nam ut *ψ edd. vett.* : nam et (invisus est *Mur.* ‖ **10** versu *r* : verso *N* ‖ **12** rabies *r* : rapies *N* ‖ **14** iacentis *N* : -tes *r edd.* | excitat *r* : excita *N* ‖ **15** linea $N^{1c}QG$ *Agr.* : lineas N^1R *r* : lineis *T Agr.* | pinnae *NR φ Haase* : pinnas *P* : pinna *QAFL edd.* ‖ **15–16** contineant, easdem a tergo *Gertz* (*distinctionem* -neant. Easdem *a Mur. coniectam servavi: coniunctivum enim* incessat *potentiale est, non concessivum vel hypotheticum ut* contineant; *nisi forte* continent *legendum cum* $ς^G$ *Haase*) : contineas demat ergo NR^1 *π* : contine asdem atergo *dist.* R^c : continet; easdem a tergo *Q* : contineas; easdem a t. $ς^F$ *Mur.* : contine easdem a t. *Eras.*^{2} : *alii alia* ‖ **16** telis N^c : tellis N^1 ‖ **18** extudit (*optima clausula*) *Cast.* ‖ **20** *suppl. Haase*

anima abuti. **13** Placido tranquilloque regi fida sunt auxilia sua, ut quibus ad communem salutem utatur, gloriosusque miles (publicae enim securitati se dare operam videt) omnem laborem libens patitur ut paren|tis custos; at illum acerbum et sanguinarium 136r necesse est graventur stipatores sui. [2] Non potest habere quisquam bonae ac fidae voluntatis ministros quibus in tormentis ut eculeo et ferramentis ad mortem paratis utitur, quibus non aliter quam bestiis homines obiectat, omnibus reis aerumnosior ac sollicitior, ut qui homines deosque testes facinorum ac vindices timeat, eo perductus ut non liceat illi mutare mores. Hoc enim inter cetera vel pessimum habet crudelitas: perseverandum est nec ad meliora patet regressus: scelera enim sceleribus tuenda sunt. Quid autem eo infelicius cui iam esse malo necesse est? [3] O miserabilem illum (sibi certe: nam ceteris misereri eius nefas sit) qui caedibus ac rapinis potentiam exercuit; qui suspecta sibi cuncta reddidit tam externa quam domestica, cum arma metuat, ad arma confugiens, non amicorum fidei credens, non pietati liberorum; qui, ubi circumspexit quaeque fecit quaeque facturus est et conscientiam suam plenam sceleribus ac tormentis adaperuit, saepe mortem timet, saepius optat, invisior sibi quam servientibus. [4] E contrario, is cui curae sunt universa, qui alia magis, alia minus tuetur, nullam non rei p. partem tamquam sui nutrit, inclinatus ad mitiora, etiam si ex usu est anim|advertere ostendens quam 136v invitus aspero remedio manus admoveat, in cuius animo nihil hostile, nihil efferum est, qui potentiam suam placide ac salutari-

1 placido *r* : placito *N* | tranquilloque *R* : tramquil- *N* ‖ **3** dare N^{1c} : dari N^{1} | videt *Haase* : videm *NR* : videns *QC* : videtur *ψ edd.* : vident *Pré.* ‖ **4** at R^{3} : ad NR^{1} ‖ **6** ut *Gertz* : et *N* ‖ **8** obiectat *QCATSS1S2* : obiectant *N* | reis aerumnosior *Koch* : rerum noxior *N* : rebus noxior *C1 ψ* : reis noxior *Agr.* : reis obnoxior *Lips.*[3] ‖ **9** sollicitior N^{c} : -ciotior N^{1} | homines *r* : -ne NR^{2} -ni R^{1} | vindices R^{3} *r* : -cet NR^{1} ‖ **11** pessimum N^{1c} : pessima N^{1} ‖ **13** autem eo *r* : autem meo *N* ‖ **14** illum (sibi certe: nam – sit) qui *distinxi* : illum, sibi certe! nam – sit, qui *dist. Lips.* : illum, sibi certe! nam – est, qui *Gertz* | nam N^{1c} : nam te N^{1} | ceteris (*vel* cae-) *r* : ceteri *N* : ceteros *Q* ‖ **16** reddidit N^{1c} : retdidit N^{1} ‖ **18–19** conscientiam N^{1c} : consti- N^{1} ‖ **19** saepe *R* : spe N^{1} : sepe N^{1c} ‖ **21** is *R* : # is N^{c} | qui non *T Cal. Rossb.*[1] : quia *ς*[F] *edd.* : quamquam *Mur.* : qui ⟨vix⟩ *Euss.* (*confer autem* Them. or. *1, 14 a*) ‖ **22** ⟨qui⟩ nullam *Braund fortasse recte* | inclinatus *QCAT* : -tos *N* ‖ **23** etiam, si *dist. Gertz* ‖ **24** invitus *QCA* : invidus *N* ter exercet, adprobare imperia sua civibus cupiens, felix abunde sibi visus si fortunam suam publicarit, sermone adfabilis, aditu accessuque facilis, voltu, qui maxime populos demeretur, amabilis, aequis desideriis propensus, etiam iniquis ⟨non⟩ acerbus, a tota civitate amatur, defenditur, colitur. [5] Eadem de illo homines secreto locuntur quae palam, tollere filios cupiunt et publicis malis sterilitas indicta praecluditur; bene se meriturum de liberis suis quisque non dubitat, quibus tale saeculum ostenderit. Hic princeps suo beneficio tutus nihil praesidiis eget, arma ornamenti causa habet.

14 Quod ergo officium eius est? Quod bonorum parentium, qui obiurgare liberos non numquam blande, non numquam minaciter solent, aliquando admonere etiam verberibus. Numquid aliquis sanus filium a prima offensa exheredat? Nisi magnae et multae iniuriae patientiam evicerunt, nisi plus est quod timet quam quod damnat, non accedit ad decretorium stilum; multa ante temptat quibus dubiam indolem et peiore iam loco positam
137r revocet; simul deploratum est, ultima expe|ritur. Nemo ad supplicia exigenda pervenit nisi qui remedia consumpsit. [2] Hoc quod parenti, etiam principi faciendum est, quem appellavimus Patrem Patriae non adulatione vana adducti: cetera enim cognomina honori data sunt; Magnos et Felices et Augustos diximus et ambitiosae maiestati quidquid potuimus titulorum congessimus illis hoc tribuentes; Patrem quidem Patriae appellavimus ut sciret datam sibi potestatem patriam, quae est temperatissima, liberis

1 adprobare *R* : -baret *N* : -bare et *Gertz* ‖ **2** aditu *QC* $Gruter^{An}$: aduti *NR* : *om.* *ψ edd.* ‖ **3** accessuque *r* : accesuque *N* | voltu N^{1c} : volto N^{1} : vultu *R edd.* ‖ **4** etiam *N* : et *ATG edd. vett.* : nec $Lips.^{3}$ | *suppl. Bent.* : acerbus *N r* acervus *R* ⟨vix⟩ acerbus *Hermes* (*acute, sed contra usum; confer* SEN. ep. *24, 26;* Marc. *17, 7*) ‖ **5** de illo N^{1c} : illo N^{1} ‖ **6** palam R^{3} : pala NR^{1} ‖ **7** praecluditur (*optima clausula*) $Walter^{2}$: recluditur *N edd. omnes* (*notio tamen* inpediendi *serioris Latinitatis est*) : repudiatur *Watt* ‖ **7–8** suis quisque *Q* : suisque *N* suis *ψ* ‖ **9** tutus *QCP1 γ S1S2* : totus *N* ‖ **11** parentum *r edd.* ‖ **12** liberos *R* : liveros *N* ‖ **14** aliquis *r* : aliquid *N* | filios *γ* | ad primam offensam *ψ Mur.* ‖ **16** stilum *r* : stillum *N* ‖ **17** positam *r* : posita *N* ‖ **23** illi $Kron.^{1}$ ‖ **23–24** illis hoc tribuentes *del. Haase* (*sed confer Gertz p. 273, «verba* [...] *plane necessaria sunt, ut sententia efficiatur», vi finali participio mea quidem sententia tributa*) ‖ **25** temperatissima *CALTP1GG4* : temperantissima *N Hosius* (*sed forma activa a Seneca tantum ad homines deosque adhibetur*)

consulens suaque post illos reponens. [3] Tarde sibi pater membra sua abscidat, etiam cum absciderit reponi cupiat et in abscidendo gemat cunctatus multum diuque: prope est enim ut libenter damnet qui cito; prope est ut inique puniat qui nimis.

15 Trichonem equitem R. memoria nostra, quia filium suum flagellis occiderat, populus graphiis in foro confodit; vix illum Augusti Caesaris auctoritas infestis tam patrum quam filiorum manibus eripuit. [2] Tarium, qui filium deprensum in parricidi consilio damnavit causa cognita, nemo non suspexit, quod contentus exilio et exilio delicato Massiliae parricidam continuit et annua illi praestitit quanta praestare integro solebat; haec liberalitas effecit ut, in qua civitate numquam deest patronus peioribus, nemo dubitaret quin reus merito | damnatus esset, quem is pater 137v damnare potuisset qui odisse non poterat. [3] Hoc ipso exemplo dabo quem conpares bono patri: bonum principem. Cogniturus de filio Tarius advocavit in consilium Caesarem Augustum; venit in privatos penates, adsedit, pars alieni consilii fuit, non dixit: «Immo in meam domum veniat», quod si factum esset Caesaris futura erat cognitio, non patris. [4] Audita causa excussisque omnibus, et îs quae adulescens pro se dixerat et îs quibus arguebatur, petît ut sententiam suam quisque scriberet, ne ea omnium fieret quae Caesaris fuisset; deinde, priusquam aperirentur codicilli, iuravit se Tari, hominis locupletis, hereditatem non aditurum. [5] Dicet aliquis: «Pusillo animo timuit ne videretur locum spei suae aperire velle fili damnatione». Ego contra sentio: quilibet nostrum

1 ponens *T Mur.* | Tarde sibi *QC Agr.* : tradis ibi *N* ‖ **2** abscindat *ς^{G} edd. vett.* | reponi *Q Gertz* (*dub. app.*) : repune *N* : reponere *r* ‖ **3** multum N^{1c} : multus N^{1} ‖ **4** est *C ψ S* : es NR^{2} : et R^{1} : erat *Q* ‖ **5** Trichonem *Lips.*^{3} : Trixonem *N* ‖ **8** T. Arii *Mur.* (*sic ubique infra*) | deprensum N^{1c} *Hosius* : deprehensum $N^{1}R$ | parricidi *Madvig*^{2} (-dii *Gertz*) : parcidio *N* : par(r)icidio *edd.* ‖ **10** delicato N^{1} *Gruter*^{An} : deligato $N^{1c}R$: delegato *r edd. vett.* | massili(a)e *r* : mansiliae *N* | sustinuit *Baeh.*^{2} ‖ **11** praestitit *r* : praestetit *N* | integro N^{1c} : intecro N^{1} ‖ **12** effecit *QC ψ Eras.*^{2} : efficit *N* | numquam *R* : numquam numquam *N* ‖ **13** dubitaret *R* : -rit *N* | is pater R^{c} : ipsa ter NR^{1} : ipse pater *Q φ T* : ipse ter *r* ‖ **18** esset *R* : essit *N* ‖ **20** iis ... iis *Cal. Wesen.* : his ... his *N* ‖ **21** fieret *R* : fierit *N* ‖ **22** aperirentur *QCT* : aparirentur *N* : apparerent' *R* : appararentur *r* ‖ **23** se Tari *Pré.* : sedari NR^{1} : se Tarii R^{3} *edd.* : se clari *QC* : se dare *ψ* | hominis *QCTG2* : homini *N* ‖ **25** velle fili *Hosius*^{1} : velli fili *N* : velle filii $Q^{c}C$ *edd.* : velle in filii *ψ*

debuisset adversus opiniones malignas satis fiduciae habere in bona conscientia; principes multa debent etiam famae dare. [6] Iuravit se non aditurum hereditatem: Tarius quidem eodem die et alterum heredem perdidit, sed Caesar libertatem sententiae suae redemit et postquam adprobavit gratuitam esse severitatem suam, quod principi semper curandum est, dixit relegandum quo patri videretur. [7] Non culleum, non serpentes, non carcerem decrevit, |
138r memor non de quo censeret, sed cui in consilio esset; mollissimo genere poenae contentum esse debere patrem dixit in filio adulescentulo impulso in id scelus in quo se, quod proximum erat ab innocentia, timide gessisset; debere illum ab urbe et a parentis oculis summoveri.

16 O dignum quem in consilium patres advocarent! O dignum quem coheredem innocentibus liberis scriberent! Haec clementia principem decet: quocumque venerit, mansuetiora omnia faciat! Nemo regi tam vilis sit ut illum perire non sentiat: qualiscumque est, pars imperii est. [2] In magna imperia ex minoribus petamus exemplum. Non unum est imperandi genus: imperat princeps civibus suis, pater liberis, praeceptor discentibus, tribunus vel centurio militibus. [3] Nonne pessimus pater videbitur qui adsiduis plagis liberos etiam ex levissimis causis conpescet? Uter autem praeceptor liberalibus studiis dignior, qui excarnificabit discipulos si memoria illis non constiterit aut si parum agilis in legendo oculus haeserit, an qui monitionibus et verecundia emendare ac docere malit? Tribunum centurionemque da saevum: desertores faciet quibus tamen ignoscitur. [4] Numquid enim aequum est gravius homini et durius imperari quam imperatur animalibus

2 principes *R* : princepes *N* ‖ **5** adprobavit *R* : -babit *N* ‖ **6** principi *r* : princepis *N* : principis *R* | quo *C* : quod *N* ‖ **9** poenae *r* : poenne *N* ‖ **14** scriberent *r* : scribere *N* | clementia R^3 : -tiam NR^1 ‖ **16–17** qualiscumque est *Q Gertz* : qualiscumque *N edd.* : qui qualiscumque est *Cal.* ‖ **22** praeceptor N^{1c} : -tur N^1 ‖ **24** oculus (*ut vid.*) N^1 *r* : oculos $N^{1c}R$ | verecundia *r* : recundia *N* ‖ **25** malet *Madvig*[2] ‖ **26** faciet *R* : faciet# N^c | ignoscitur? *dist. Lips.*[3] : ignoscetur *Wesen.* : ⟨non⟩ ignoscitur *Rossb.*[1] (*de more ignoscendi militari confer* Sen. ira *2, 10, 4,* Tac. ann. *1, 23;* dig. *49, 16*) | Numquid enim *Gertz* (*dub. app., sed saepius apud Senecam*) : Numquid nae *NR* : Numquid nam *Q γ Gruter* : Numquidne *φ* : Numquidnam *π A edd.* (*verbum tamen minime Senecanum*) : Numquid *Baeh.*[2] | aequum N^1 : equum N^{1c}

mutis? Atqui equum non crebris verberibus | exterret domandi 138v peritus magister: fiet enim formidulosus et contumax nisi eum blandiente tactu permulseris. [5] Idem facit ille venator, quique instituit catulos vestigia sequi quique iam exercitatis utitur ad excitandas vel persequendas feras: nec crebro illis minatur (contundet enim animos et quidquid est indolis comminuetur trepidatione degeneri) nec licentiam vagandi errandique passim concedit. Adicias his licet tardiora agentis iumenta, quae, cum ad contumeliam et miserias nata sint, nimia saevitia cogantur iugum detractare. **17** Nullum animal morosius est, nullum maiore arte tractandum quam homo, nulli magis parcendum. Quid enim est stultius quam in iumentis quidem et canibus erubescere iras exercere, pessima autem condicione sub ⟨homine velle⟩ hominem esse? Morbis medemur nec irascimur; atqui et hic morbus est animi, mollem medicinam desiderat ipsumque medentem minime infestum aegro. [2] Mali medici est desperare ne curet; idem in îs quorum animus adfectus est facere debebit is cui tradita salus omnium est: non cito spem proicere nec mortifera signa pronuntiare; luctetur cum vitiis, resistat, aliis morbum suum exprobret, quosdam molli curatione decipiat citius meliusque | sanaturus 139r remediis fallentibus; agat princeps curam non tantum salutis, sed etiam honestae cicatricis. [3] Nulla regi gloria est ex saeva animadversione (quis enim dubitat posse?), at contra maxima si vim suam continet, si multos irae alienae eripuit, neminem suae inpendit.

1 Atqui *R* : adqui *N* ‖ **2** formidulosus *N Pré.* : -dolosus *R* | contumax *R* : comtumax *N* ‖ **5** excitandas *R* : excitadas *N* | feras: nec *dist. Reeve* ‖ **6** est *R* : esti *N* | indolis ⟨bonae⟩ *Gertz* (*dub. app.*) ‖ **7** errandique *r* : eran- *N* ‖ **8** agentis *NRC Pré.* : -tes *r* ‖ **12** canibus N^c : carnibus N^1 ‖ **13** pessima N^c : -mam N^1 | condicione N^c : conditionem N^1 | *suppl. Gertz* : sub hominem *N* : sub homine *R* : hominem *Eras.*[2] : sub ⟨homine⟩ hominem *Lips.*[3] : iubere hominem *Schu.* ‖ **14** Morbis *R* : ##morbis N^c : morbidis *Gertz* (*dub. app.*) ‖ **15** medicinam desiderat *R* : medecinam desiterat *N* ‖ **16** ne curet *Q*L^c*TG* : nec ures *N* : ne cures *R Pré.* : *del. Haase* | is *N* : his *R edd.* : iis *Gertz* ‖ **17** debebit is *QC1C2C3* : debebitis *NR* : debebit *ψ* ‖ **18** proicere N^c : proiecere N^1 ‖ **19** resistat N^c : reststat N^1 ‖ **22** cicatricis *R* : -ces *N* | Nulla regi *R* : Nullare regig (*ut vid.*) N^1 : Nulla## regi# N^c ‖ **23** at N^2 : a N^1

18 Servis imperare moderate laus est. Et in mancipio cogitandum est non quantum illud impune possit pati, sed quantum tibi permittat aequi bonique natura, quae parcere etiam captivis et pretio paratis iubet (quanto iustius hominibus liberis, ingenuis, honestis!), non ut mancipiis abuti, sed ut îs quos gradu antecedas quorumque tibi non servitus tradita sit, sed tutela. 2 Servis ad statuam licet confugere: cum in servum omnia liceant, est aliquid quod in homine licere commune ius animantium vetet. Quis non Vedium Pollionem peius oderat quam servi sui, quod murenas sanguine humano saginabat et eos qui se aliquid offenderant in vivarium, quid aliud quam serpentium, abici iubebat? O hominem mille mortibus dignum, sive devorandos servos obiciebat murenis quas esurus erat, sive in hoc tantum illas alebat ut sic aleret!
139v 3 Quem|admodum domini crudeles tota civitate commonstrantur invisique et detestabiles sunt, ita regum et iniuria latius patet et infamia atque odium saeculis traditur; quanto autem non nasci melius fuit quam numerari inter publico malo natos!

19 Excogitare nemo quicquam poterit quod magis decorum regenti sit quam clementia, quocumque modo is et quocumque iure praepositus ceteris erit. Eo scilicet formosius id esse magnificentiusque fatebimur quo in maiore praestabitur potestate, quam non oportet noxiam esse si ad naturae legem conponitur. 2 Natura enim commenta est regem, quod et ex aliis animalibus licet cognoscere et ex apibus, quarum regi amplissimum cubile est medioque ac tutissimo loco; praeterea opere vacat exactor alienorum

4 quanto iustius *G edd.* (*Gertz interpositionum notas ante et* quanto *et* non, *ver.* **5**, *add.*) : quanto iustius iubet quanto iustius NRQ^{c} (iniustius Q^{1}) : Quanto iustius iubet *φ T Gron.* ‖ **5** non–îs *om.* $ς^{F}$: *del.* $Haupt^{1}$ | sed *del. Haase* | ut iis *Gertz* : his *N edd.* : ut his *A Hosius* : ut *G* : *del. Haase* | gradu N^{2} : gratu N^{1} | antecedas *AL* : ante cedat *NQP* : antecedat *RCF* ‖ **6** tutela? *dist. Lips.* ‖ **8** homine *N* : hominem *T Mur.* : homini in hominem *Cal.* ‖ **14** commonstrantur N^{1c} : -transtur N^{1} ‖ **15** detestabiles sunt *r* : detestabilesunt *N* : detestabile sunt *R* ‖ **17** melius fuit *Q π FTG* : fuit *NR Gron.* : melius non nasci) fuit *φ fortasse recte* : ⟨satius⟩ fuit *Pré.* ‖ **18** Excogitare N^{2} : Exgitare N^{1} ‖ **19** regenti N^{2} : regendi N^{1} ‖ **20** praepositus N^{1c} : praepopitus (*ut vid.*) N^{1} ‖ **23–24** cognoscere N^{c} : cognuscere N^{1} ‖ **24** regi amplissimum N^{2} : regia plissimum N^{1} ‖ **25** opere $Madvig^{3}$ *Wesen.* : honore $N^{1}LGS2$: onere N^{2}

operum et amisso rege totum dilabitur nec umquam plus unum patiuntur melioremque pugna quaerunt; praeterea insignis regi forma est dissimilisque ceteris cum magnitudine tum nitore. [3] Hoc tamen maxime distinguitur: iracundissimae ac pro corporis captu pugnacissimae sunt apes et aculeos in vulnere relinquunt, rex ipse sine aculeo est; noluit illum natura nec saevum esse | nec ultionem 140r magno constaturam petere telumque detraxit et iram eius inermem reliquit. Exemplar hoc magnis regibus ingens: est enim illi mos exercere se in parvis et ingentium rerum docimenta minima congerere. [4] Pudeat ab exiguis animalibus non trahere mores, cum tanto hominum moderatior esse animus debeat quanto vehementius nocet. Utinam quidem eadem homini lex esset et ira cum telo suo frangeretur nec saepius liceret nocere quam semel nec alienis viribus exercere odia! Facile enim lassaretur furor si per se sibi satis faceret et si mortis periculo vim suam effunderet.

[5] Sed ne nunc quidem illi cursus tutus est: tantum enim necesse est timeat quantum timeri voluit et manus omnium observet et eo quoque tempore quo non captatur peti se iudicet nullumque momentum immune a metu habeat. Hanc aliquis agere

1 rege N^{2} : regem N^{1} | dilabitur *N Hosius* : dilabitur examen *T edd.* : agmen dilabitur ς^{D} ς^{F} | nec umquam N^{1c} : ne numquam N^{1} ‖ **3** dissimilisque *r* : disimiusquae N^{1} : disimilisquae N^{1c} : disimilisque N^{2} : dissimilique *R* | tum N^{2} : cum N^{1} ‖ **4** iracundissim(a)e *R r* : ªiracondissimae N^{1} : iracondissimae N^{2} ‖ **6** ultionem N^{2} : ultione N^{1} ‖ **7** petere N^{2} : ptere N^{1} ‖ **8** inermem N^{2} : inhermem N^{1} | reliquit N^{2} : relinquit N^{1} | ingens est *N Eras.*^{2} : ingens est; est ς^{F} *Lips.* : ingessit, est *Koch* : ingerit, est *Baeh.*^{2} ‖ **9** illis ς^{G} *Agr.* | docimenta *Baeh.*^{2} : docimentam *N* : documentam *R* : documenta *r edd.* ‖ **10** minima congerere *scripsi dubitanter e.g.* : minima / argere *N* : minima agere *r edd.* : in minima cogere *Haase* : minima urgere *Haupt*^{1} : in minima dare re *Baeh.*^{2} : minima spargere *Madvig*^{2} : in minima re gignere *Schu.* : in minima (*sc.* re) parare *Hosius*^{2} : minima arcessere *Büch.* : minima suggerere *Wint.* (*confer* SEN. ep. *89, 2; 123, 17*) : *alii alia* | Pudeat ab exiguis *R* : puteat ab exiquis *N* ‖ **13** ut ira *G Haase* ‖ **17** incursus *Cast.* ‖ **19** eo N^{1c} : ea N^{1} ‖ **20** immune a metu habeat ς^{P} *Eras.*^{2} (*dub. adn.*) : immuneam ethabeat ha / beat *N* : immuneam et habeant (*fort.* -ṇt) *R* : immune habeat *QC Eras.*^{2} : immune amet. habeat *r* | agere *Q* (*ante* sustinet) *CC3 Gruter*^{An} : agerem NR^{1} : aegeram R^{2} : (a)egram *r edd. vett.*

vitam sustinet, cum liceat innoxium aliis, ob hoc securum, salutare potentiae ius laetis omnibus tractare? Errat enim si quis existimat tutum esse ibi regem ubi nihil a rege tutum sit: securitas securitate mutua paciscenda est. [6] Non opus est instruere in altum editas arces nec in ascensum arduos colles emunire nec latera
140v montium abscidere, multiplicibus se muris | turribusque saepire: salvum regem clementia in aperto praestabit. Unum est inexpugnabile munimentum, amor civium. [7] Quid pulchrius est quam vivere optantibus cunctis et vota non sub custode nuncupantibus? Si paulum valetudo titubavit, non spem hominum excitari, sed metum? Nihil esse cuiquam tam pretiosum quod non pro salute praesidis sui commutatum velit? [8] O ne ille, cui contingit ⟨ut⟩ sibi quoque vivere debeat, in hoc adsiduis bonitatis argumentis probavit non rem p. suam esse, sed se rei p. Quis huic audeat struere aliquod periculum? Quis ab hoc non, si possit, fortunam quoque avertere velit, sub quo iustitia, pax, pudicitia, securitas, dignitas florent, sub quo opulenta civitas copia bonorum omnium abundat nec alio animo rectorem suum intuetur, quam, si di immortales potestatem visendi sui faciant, intueamur venerantes colentesque? [9] Quid autem? Non proxumum illis locum tenet is qui se ex

1 aliis et ob hoc ς^{p} *Gruter*^{An} (*dub.*) *fortasse recte: Seneca enim complexione* ob hoc *demptis coniunctionibus raro utitur; confer* ben. *2, 20, 3;* nat. *1, 2, 7; 1, 5, 8; 2, 10, 2; 3, 25, 9; contra* ep. *22, 12;* ben. *26, 35, 2* : atque ob hoc *Eras.*^{2} (*dub. adn.*) ‖ **2** potentiae ius ς^{p} *Gruter*^{An} : potentia eius *N* ‖ **3** tutum sit *Gertz* : tutum sed *N Haase* : tutum est *S Mur.* : tutum *S1S2 Cast.* : tutum est. Sed *edd. vett.* ‖ **6** turribusque *N*^{1c} : turris *N*^{1} | saepire *R* : saepere *N* ‖ **10–11** sed metum *R* : se metum *N* ‖ **11** pro salute *r* : prosalutis *N* : salute *Mur.* ‖ **12** O–⟨ut⟩ *Hosius Kron.*^{2} (*suppl. iam Baeh.*^{2}*; confer* Sen. ben. *5, 4, 4; 7, 27, 2;* ep. *30, 12*) : oneillo cui contingit *NRC* : O ne illo cui contingit *Q π* : o ne ille cui contingit *T* : omne quod illi contingit (... evenire deputet *Eras.*^{2} (*adn.;* illi quod *in textu*) : O nae illo cui contingit *** *Haase* : «O! ne illi quid contingat! (... debet! rei p.» *Gertz* (*app.: cives inducit loquentes*) : o felicem (*vel* o f. illum) cui contingit ⟨ut⟩ *Baeh.*^{2} : O ne illud cui contingit (... debet *Wag.* : o ne ille hoc cui contingit (sibi quoque vere debeat! *Mazz.*^{3} : *alii alia* ‖ **12–13** sibi–hoc *del. Braund* (*app.*) ‖ **13** debeat, in hoc *distinxi ex Kron.*^{2} : debeat; in hoc *dist. Haase* : debeat, hoc *Kron.*^{2} ‖ **16** velit *R* : vellit *N* ‖ **17–18** abundat nec *dist. Gertz ex Siesb.* : abundat? Nec *dist. CF Fickert* ‖ **18** immortales *QCPL* : -talem *N* ‖ **19–20** colentesque? Quid *dist. Gertz ex Siesb.* : colentesque. Quid *dist. Gron.* ‖ **20** proxumum *Gertz* : p(ro)xum *N* : proximum *R*

deorum natura gerit, beneficus ac largus et in melius potens? Hoc adfectare, hoc imitari decet: Maximum ita haberi ut Optimus simul habeare.

20 A duabus causis punire princeps solet, si aut se vindicat aut alium.

Prius de ea parte disseram quae ipsum contingit | (difficilius 141r
est enim moderari ubi dolori debetur ultio quam ubi exemplo). [2] Supervacuum est hoc loco admonere ne facile credat, ut verum excutiat, ut innocentiae faveat †et, ut appareat, non† minorem agi rem periclitantis quam iudicis sciat: hoc enim ad iustitiam, non ad clementiam pertinet. Nunc illum hortamur ut manifeste laesus animum in potestate habeat et poenam, si tuto poterit, donet, si minus, temperet longeque sit in suis quam in alienis iniuriis exorabilior. [3] Nam, quemadmodum non est magni animi qui de alieno liberalis est, sed ille qui quod alteri donat sibi detrahit, ita clementem vocabo non in alieno dolore facilem, sed eum qui, cum suis stimulis exagitetur, non prosilit, qui intellegit magni animi esse iniurias in summa potentia pati nec quicquam esse gloriosius principe inpune laeso.

21 Ultio duas praestare res solet: aut solacium adfert ei qui accepit iniuriam, aut in relicum securitatem. Principis maior est fortuna quam ut solacio egeat, manifestiorque vis quam ut alieno malo opinionem sibi virium quaerat. Hoc dico cum ab inferioribus petitus violatusque est: nam, si quos pares aliquando habuit infra se videt, satis vindicatus est. Regem et servos occidit et serpens et sagitta; servavit quidem nemo nisi maior eo quem servabat. [2] Uti |

2 adfectare N[1c] : adfectase N[1] ‖ **3** habeare *N Gruter*[An] *Lips.*[3] : habeatur *R edd. vett.* ‖ **4** solet *R* : solent *N* | si *del. Bent.* : scilicet *Baeh.*[2] ‖ **9** et–non *NR* (*locus suspectus propter miram traiectionem, qua fit ut vi finali* ut appareat [*subaudi* innocentia] *non ex priore verbo* admonendi, *sicut reliquae sententiae, sed ex posteriore* agendi *pendere debeat*) : ut appareat non *C1C3 Eras.*[2] : ut appareat ut non *π FLG edd. vett. a Neap.* : et appareat ut non *Lips.*[3] : et ut appareat ⟨laboret⟩, ut non *Bail.* ‖ **9–10** minorem–rem *ς*[F] *Lips.*[3] : minore magis rem *N* : minorem magis rem *r* : minus rem agi rei *Eras.*[2] : minus rem agi *Mur.* : magis agi rem *Bail.* ‖ **10** sciat *om. C1C2* : *del. Eras.*[2] ‖ **12** sin minus *RQCPFLT Eras.*[2] ‖ **14** exorabilior *R* : exortabilior *N* ‖ **21** accipit *LGG4S*[1]*S2 edd. vett.* ‖ **22** egeat *r* : ageat *N* ‖ **25** servos *N Pré.* : servus *R* ‖ **26** sagitta *R* : sagita *N* | servavit *C1 ψ* : servabit *N Haase* | servabit *QC2* : servavit *ψ edd. vett.* | Uti *QCTG* : ut *N*

141v itaque animose debet, tanto munere deorum dandi auferendique vitam potens. In iis praesertim quos scit aliquando sibi ⟨par⟩ fastigium optinuisse, hoc arbitrium adeptus ultionem inplevit perfecitque, quantum verae poenae satis erat: perdidit enim vitam qui debet et quisquis ex alto ad inimici pedes abiectus alienam de capite regnoque sententiam expectavit in servatoris sui gloriam vivit plusque eius nomini confert incolumis quam si ex oculis ablatus esset: adsiduum enim spectaculum alienae virtutis est, in triumpho cito transisset. [3] Si vero regnum quoque suum tuto relinqui apud eum potuit reponique eo unde deciderat, ingenti incremento surgit laus eius qui contentus fuit ex rege victo nihil praeter gloriam sumere. Hoc est etiam ex victoria sua triumphare testarique nihil se quod dignum esset victore apud victos invenisse. [4] Cum civibus et ignotis atque humilibus eo moderatius agendum est quo minor res est adflixisse eos. Quibusdam libenter parcas, a quibusdam te vindicare fastidias et non aliter quam ⟨in⟩ animalibus parvis sed obterentem inquinantibus reducenda manus est; at in îs qui in ore civitatis servati punitique erunt occasione notae clementiae utendum est.

22 Transeamus ad alienas iniurias, in quibus vindicandis haec
142r tria lex secuta est, quae | princeps quoque sequi debet: aut ut eum quem punit emendet, aut ut poena eius ceteros meliores reddat, aut ut sublatis malis securiores ceteri vivant.

2–3 potens–hoc *dist. Gertz* : potens, in iis — optinuisse. Hoc *dist. Fickert* ‖ **2** potens N^{1c} : ponens N^{1} ‖ **2–3** *suppl. Fickert* (*ex Pinc.*) : sibi fatigio *NRC* : sibi fastigio *QPFLG* : sibi fastigium *C1C2C3T* : suo fastigio (obstitisse *Eras.*^{2} : par sibi fastigium *vel* sibi simile f. *Pinc.* : simile fastigium *Gron.* ‖ **3** inplevit *r* : inplebit *N* ‖ **6** regnoque Q^{1} *Modius* : regioque *N* : regio *π L Curio* (*mrg.*) : suo *T Mur.* ‖ **7** vivet *edd. vett.* | eius nomini *RQ φ* : eius innomini *N* : nomini eius *ψ edd. vett.* | conferet *edd.vett.* | incolumis *r* : colomis *N* : incolomis *R* ‖ **9** transisset $ς^{F}$ *Eras.*^{2} : -se *N* ‖ **13** victoria *T Eras.*^{2} | apud *R* : aput *N* ‖ **15** minor res *Gertz* : minores *N* : minoris *R* ‖ **16** *suppl. Lips. Cast.* : animalibus *N* : ab animalibus *TG Eras.*^{2} ‖ **17** sed *N Hosius* : et *R* : spurcis) et *Gertz* (*dub. adn.*) ‖ **18** at *R* : ad *N* | is *N Pré.* : iis *R edd.* : his *r* ‖ **22** emendet *R* : emendit *N* | aut ut $ς^{G}$ $ς^{F}$: aut *N* | poena R^{2} : poenae NR^{1} ‖ **23–29,1** vivant ipsos facilius *R* : vibant ipso failius *N*

Ipsos facilius emendabis minore poena: diligentius enim vivit cui aliquid integri superest. Nemo dignitati perditae parcit; inpunitatis genus est iam non habere poenae locum.

2 Civitatis autem mores magis corrigit raritas animadversionum: facit enim consuetudinem peccandi multitudo peccantium et minus gravis nota est quam turba damnationum levat et severitas quod maximum remedium habet adsiduitate amittit, auctoritatem. 3 Constituit bonos mores civitati princeps et vitia eluit si patiens eorum est, non tamquam probet, sed tamquam invitus et cum magno tormento ad castigandum veniat. Verecundiam peccandi facit ipsa clementia regentis: gravior multo poena videtur quae a miti viro constituitur. **23** Praeterea videbis ea saepe committi quae saepe vindicantur. Pater tuus plures intra quinquennium culleo insuit quam omnibus saeculis insutos accepimus. Multo minus audebant liberi nefas ultimum admittere quam diu sine lege crimen fuit. Summa enim prudentia altissimi viri et rerum naturae peritissimi malu|erunt velut incredibile scelus et ultra audaciam 142v positum praeterire quam dum vindicant ostendere posse fieri; itaque parricidae cum ea lege coeperunt et illis facinus poena monstravit: pessimo vero loco pietas fuit postquam saepius culleos vidimus quam cruces. 2 In qua civitate raro homines puniuntur, in ea consensus fit innocentiae et indulgetur velut publico bono. Putet se innocentem esse civitas, erit; magis irascetur a communi frugalitate desciscentibus si paucos esse eos viderit. Periculosum est, mihi crede, ostendere civitati quanto

1 poena *Q* : pona *N* ‖ **2** aliquid integri *R* : aliquit intecri *N* | parcit *R* : pas / cit *N* ‖ **3** habere N^{1c} : havere N^{1} | poenae *R* : ponae *N* ‖ **4** mores N^{1c} : moris N^{1} | raritas *Reeve* (*confer ver.* **21–22**) : paritas *N* : parcitas (*verbum a Senecae aetate alienum; confer* ThlL *10, 1, 327, 36 – 328, 69*) *R edd.* ‖ **5** multitudo *R* : multitud *N* ‖ **8** eluit *Gertz* : eius *N* : eius aufert *C* : eius compescit *T edd. vett.* : eius facilius reprimit *G Haase* : eius facilius compescit *Curio* : eius felicius compescit *Lips.* : eruit *Gron.*[1] : ⟨eluit⟩ vitia) eius *Hosius*[1] (*dub. app., del.* et) : ⟨vincit⟩ vitia) eius *Rossb.*[3] : eius ⟨eluit⟩ *Brak.* : *alii alia* ‖ **10** castigandum *R* : casticando N^{1} casticandum N^{1c} ‖ **13** intra *R* : infra *N* ‖ **17** maluerant *Fickert* ‖ **17–18** audaciam positum praeterire *R* : audacia positum praeteriret *N* ‖ **19** cum ea ς^{F} : cum a *N* : cum *CT edd.* : a ς^{G} *Haase* : cum hac *Pré.* ‖ **20** monstravit N^{1c} : monstra N^{1} ‖ **23–24** irascitur *Eras.*[2] ‖ **25** crede *QC π L*[2] : credere *N*

plures mali sint. **24** Dicta est aliquando ⟨in⟩ senatu sententia ut servos a liberis cultus distingueret; deinde apparuit quantum periculum immineret si servi nostri numerare nos coepissent. Idem scito metuendum esse si nulli ignoscitur: cito apparebit pars civitatis deterior quanto praegravet. Non minus principi turpia sunt multa supplicia quam medico multa funera. Remissius inperanti melius paretur: [2] natura contumax est humanus animus et in contrarium atque arduum nitens sequiturque facilius quam ducitur; et ut generosi ac nobiles equi melius facili freno reguntur, ita clementiam voluntaria innocentia inpetu suo sequitur et dignam putat civitas quam servet sibi. Plus itaque hac via proficitur.

143r **25** Crudelitas | minime humanum malum est indignumque tam miti animo; ferina ista rabies est, sanguine gaudere ac vulneribus et abiecto homine in silvestre animal transire. Quid enim interest, oro te, Alexander, leoni Lysimachum obicias an ipse laceres dentibus tuis? Tuum illud os est, tua illa feritas. O quam cuperes tibi potius ungues esse, tibi rictum illum edendorum hominum capacem! Non exigimus a te ut manus ista, exitium familiarium certissimum, ulli salutaris sit, ut iste animus ferox, insatiabile gentium malum, citra sanguinem caedemque satietur;

1 mali sint. Dicta *Gruter*^{An} (*dub.*) : malis indicta *N* : mali sint. Indicta *ψ edd. vett.* : mali sint. ⟨In⟩ senatu dicta *Mur.* : mali sint. Decretum *Pré.* : *alii alia* | *suppl. Gron.* (*ex Mur., qui verba ante* dicta *traiecerat*) : senatu *N* : senatus *Q Gruter*^{An} : a senatu *r edd.* : ⟨de⟩ senatus *Pré.* | sententia ut *Q*^{1}*C ψ* : sententi / Aut *N* sententia aut *R r* ‖ **5** minus *R* : minu *N* ‖ **6** remissius *N*^{1c} : -sio *N*^{1} ‖ **8** sequiturque *R* : sequitur quuae *N*^{1} : sequitur quae *N*^{c} ‖ **9** ducitur *R* : dicitur *N* | nobiles *R* (*sola fere emendatio ingeniosa ad libros* De clementia *in hoc codice; confer* Praefat. *adn. 32*) : no / *N* | equi *r* : aequi *N* ‖ **10** clementiam *R*^{2} : elementia *N* : clementia *R*^{1} ‖ **13** indignumque *R* : indignumquae *N* : indignum *Curio* ‖ **14** animali *Gertz* (*dub. app.*) ‖ **15** homine *r* : homini *N* ‖ **16** Lysimachum *π L* : lisimachum *N* ‖ **17** illud *om. R edd.* ‖ **18** potius *N*^{c}*R* : ti potius *N*^{1} ‖ **20** certissimum *TQ* : certissima *N* : ⟨in⟩ exitium …) certissima *G Sku.*

clementia iam vocatur ad occidendum amicum ⟨cum⟩ carnifex inter homines eligitur. 2 Hoc est quare vel maxime abominanda sit saevitia, quod excedit fines primum solitos, deinde humanos, nova supplicia conquirit, ingenium advocat ⟨ut⟩ instrumenta excogitet per quae varietur atque extendatur dolor, delectatur malis hominum; tunc illi dirus animi morbus ad insaniam pervenit ultimam, cum crudelitas versa est in voluptatem et iam occidere hominem iuvat. 3 Natura talem virum a tergo sequitur eversio, †odiae†, venena, gladii; tam multis periculis petitur quam multorum ipse periculum est, privatisque non numquam consiliis, alias vero consternatione publica circumvenitur. Levis enim et privata | pernicies non totas urbes movet; quod late furere coepit et omnes 143v
adpetit undique configitur. 4 Serpentes parvolae fallunt nec publice conquiruntur; ubi aliqua solitam mensuram transît et in monstrum excrevit, ubi fontes sputu inficit et, si adflavit, deurit obteritque quacumque incessit, ballistis petitur. Possunt verba dare et evadere pusilla mala, ingentibus obviam itur. 5 Sic unus

1 clementia iam vocatur *Baeh.*[2] : clementiam vocatur *NT* : clementiamvocatur R^{1} : clementia invocatur R^{c} *r* : clementia vocatur *Q* : clementia vocatur ⟨si⟩ *Eras.*[2] : leo etiam invocatur *Pinc.* : clementia vocetur ⟨si⟩ *Lips.* : clementia vocetur (eligitur *ver.* **2** *del.*) *Gron.* : clementiam voca ubi *Haase* : clementiam vocaturi ⟨si⟩ *Gertz* (*dub. app.*) : clemens iam vocatur ⟨si⟩ *Feldm.* : *alii alia* | *suppl. Euss. Baeh.*[2] : ⟨si⟩ *Braund* ‖ **2** abominanda N^{1c} : abominand N^{1} ‖ **4** *suppl. Gertz* | excogitet *Gertz* : excogit et *N* : excogitat *r edd.* ‖ **5** extendatur *r* : extentatur *N* | delectatur *C1C2C3 Haase*[1] : delectetur *NRQC* : et delectetur *ψ edd.* : et delectatur *Mur.* ‖ **6** illi *N Hosius* : ille *T* (*probat Reeve*) | durus *P1G4* : diri *edd. vett.* ‖ **8** Natura talem *Gertz* (*dub. adn.*) : Naturalem *N* : Nam talem *Q edd.* : Naturalis talem *Baeh.*[2] : Matura talem *Gertz* : nocitura talem *Schu.* : talem *Kron.*[2] : *alii alia* | eversio *QCP1FT* : aeversio $NRP^{c}L$: aversio P^{1} $Gruter^{An}$ (*dub.*) *Baeh.*[2] : aversatio *Wesen.* : exsecratio *Schu.* | odiae *NR* : odia *QC edd.* : odiosus *ψ* : odio *Eras.*[2] : hodie (venena ⟨cras⟩ gladii *Gertz* (*dub. adn.*) : insidiae *Schu. fortasse recte* : *alii alia* ‖ **9** petitur *C* : patitur *N* : patet $ς^{G}$ *Pinc.* | multorum *R* : multor quam multorum *N* ‖ **13** parvolae *Hosius* : pavolae *N* : parvulae *R* ‖ **14** conquiruntur *C* $Gruter^{An}$ *Lips.*[3] : consequiruntur *N* : consequerentur *R* : consequuntur *Q ψ edd.* | mensuram *R* : mensura *N* ‖ **15** sputu *Gertz* : putu *N* : potu *R* (*confer autem* PLIN. nat. *10, 198*) | infecit *ψ edd.* | sufflatu *Mur.* : suo afflatu *Lips.*[3] : ⟨sata⟩ si afflavit *Baeh.*[2] : *alii alia* ‖ **16** ballistis N^{1c} : balliti N^{1} ‖ **17** et evadere *R* : evadere *N* | obviam itur *R* : obiamitur *N*

aeger ne domum quidem perturbat; at ubi crebris mortibus pestilentiam esse apparuit, conclamatio civitatis ac fuga est et dis ipsis manus intentantur. Sub uno aliquo tecto flamma apparuit: familia vicinique aquam ingerunt; at incendium vastum et multas iam domos depastum parte urbis obruitur. **26** Crudelitatem privatorum quoque serviles manus sub certo crucis periculo ultae sunt; tyrannorum gentes populique, et quorum erat malum et ei quibus imminebat, excindere adgressi sunt; aliquando sua praesidia in ipsos consurrexerunt perfidiamque et inpietatem et feritatem et quidquid ab illis didicerant in ipsos exercuerunt. Quid enim potest quisquam ab eo sperare quem malum esse docuit? Non diu nequitia apparet nec quantum iubetur peccat. [2] Sed puta esse tutam crudelitatem, quale eius regnum est? Non aliud quam capta|rum
144r urbium forma et terribiles facies publici metus. Omnia maesta, trepida, confusa, voluptates ipsae timentur: non convivia securi ineunt, in quibus lingua sollicite etiam ebriis custodienda est, non spectacula, ex quibus materia criminis ac periculi quaeritur; apparentur licet magna impensa et regiis opibus et artificum exquisitis nominibus: quem tamen ludi in carcere iuvent? [3] Quod istud, dii boni, malum est, occidere, saevire, delectari sono catenarum et civium capita decidere, quocumque ventum est multum sanguinis fundere, aspectu suo terrere ac fugare? Quae alia vita

1 aeger *R* : aecer *N* | ne *T Gertz* : nae *N* : nec *R* | domum N^{1c} : domus N^{1} | at ubi *R* : adubi *N* ‖ **2** apparuit N^{1c} : aparuit N^{1} ‖ **3** manus *QCC3 ψ* : manibus *N* | intentantur *N Gron.*^{1} : intenduntur *R edd. vett.* ‖ **4** at R^{2} : ad NR^{1} | vastum *R* : vastam *N* ‖ **7** tyrannorum *R* : tyrranorum *N* | *inconcinnitatem* et … et ei *primus notavit Reeve; ad quam sanandam sive* ei *deleri* (*confer* Sen. tranq. *14, 5*) *sive potius* et^{1} ⟨ei⟩ *scribi* (*confer* ben. 3, 18, 3; 7, 2, 3; ira 1, 18, 4; nat. 7, 11, 2) *potest* ‖ **9** ipsos *TQ* : ipsis *N* | perfidiamque *r* : -diaque *N* ‖ **10** ab illis didicerant *r* : ob illis dicerant *N* | exercuerunt *r* : excu- *N* ‖ **11–12** nequitia apparet *φ Gertz* (adp-) : nequitia appareret *NRQ* : appareret nequitia *π L* : apparet (*vel* adp-) nequitia *FTG edd.* : paret nequitia $ς^{F}$ *Mur.* : nequitia ⟨vitia⟩ adparat *Alex.* ‖ **12** quantum *ψ* : quam nur N^{1} : quam tur N^{1c} | iubetur *Mur.* : videtur *N* ‖ **13** crudelitatem *r* : -litam *N* | quale eius *Eras.*^{2} : quare ius *NRC* : quare eius *Q* : quare his *ψ* ‖ **14** terribiles *N* : -lis $Q^{c}P^{1}$ *Wesen.* | metus N^{1c} : mets N^{1} ‖ **15** trepida *R* : trepita *N* : turbida $ς^{G}$: trepida et $ς^{D}$ *edd. vett.* : turbida et *Lips.* | timentur N^{1c} : timetur N^{1} ‖ **17** periculi $N^{1c}Q$ *ψ* : -lis $N^{1}R$ *φ* ‖ **19** iuvent $R^{2}Q$ *φ Lips.*^{3} : iubent NR^{1} *ψ* ‖ **20** istud *R* : istut *N* ‖ **21** quocumque *R* : quodcumque *N* ‖ **22** aspectu *R* : aspecto *N* ‖ **22–33,1** vita esset N^{1c} : vitesset N^{1}

esset si leones ursique regnarent, si serpentibus in nos ac noxiosissimo cuique animali daretur potestas? [4] Illa rationis expertia et a nobis immanitatis crimine damnata abstinent suis et tuta est etiam inter feras similitudo; horum ne a necessariis quidem sibi rabies temperat, sed externa suaque in aequo habet, quo plus se exercitat, ⟨eo incitat⟩ior. A singulorum deinde caedibus in exitia gentium serpit et inicere tectis ignem, aratrum vetustis urbibus inducere potentiam putat et unum occidi iubere aut alterum parum imperatorium credit: nisi eodem | tempore grex miserorum 144v
sub ictu stetit, crudelitatem suam in ordinem coactam putat. [5] *** felicitas illa multis salutem dare et ad vitam ab ipsa morte revocare et mereri clementia civicam. Nullum ornamentum principis fastigio dignius pulcriusque est quam illa corona ob cives servatos, non hostilia arma detracta victis, non currus barbarum sanguine cruenti, non parta bello spolia. Haec divina potentia est, gregatim ac publice servare; multos quidem occidere et indiscretos incendi ac ruinae potentia est.

1 leones *R* : leonis *N* ‖ **3** etuta *R* ‖ **4** horum ne N^{3}*Q Gruter*^{An} : ho ne N^{1} : morum ne *R φ G1G2G3* : morum. Apud homines autem ne *ψ* : Apud homines tantum nec *Mur* : hominum *Baeh.*^{2} ‖ **5–6** *suppl. Gertz* : plus se xercitatiora *N* : plus exercitatiora *R* : possit exercitatior a *Agr.* : plus saeviit exercitatior. A *Baeh.*^{2} : plus se exercitat ira. A (*clausula heroica*) *Hosius*^{2} : plus se exerc⟨et exc⟩itatior. A *Pré.* : *alii alia* ‖ **6** exitia *r* : aesicia *N* : edificia *Q* ‖ **7** serpere *ψ edd.* ‖ **9** credit *Q ψ* : credat *N* ‖ **10** sub ictu *Gruter*^{An} *Lips.*^{3} : subiectu *N* : subiectus *R edd. vett.* : sub ⟨eius⟩ ictu *Pré.* | *lacunam statuit Mazz.*^{2} ‖ **12** ornamentum *R* : ormentum *N* ‖ **14** barbarum *N Gruter*^{An} (*dub.*) *Rossb.*^{2} *Hosius*^{2} : barbarom *R* barbarorum *r edd.* : barbaro *Q* ‖ **17** incendi *NRC Hosius* : -dii *r*

LIBER II

1 Ut de clementia scriberem, Nero Caesar, una me vox tua maxime conpulit, quam ego non sine admiratione et cum diceretur audisse memini et deinde aliis narrasse, vocem generosam, magni animi, magnae lenitatis, quae non conposita nec alienis auribus data subito erupit et bonitatem tuam cum fortuna tua
145r litigantem in medium adduxit. | 2 Animadversurus in latrones duos Burrus praefectus tuus, vir egregius et tibi principi natus, exigebat a te scriberes in quos et ex qua causa animadverti velles; hoc saepe dilatum ut aliquando fieret instabat. Invitus invito cum chartam protulisset traderetque, exclamasti: «Vellem litteras nescirem!»

3 O dignam vocem quam audirent omnes gentes quae Romanum imperium incolunt quaeque iuxta iacent dubiae libertatis quaeque se contra viribus aut animis attollunt! O vocem in contione omnium mortalium mittendam, in cuius verba principes regesque iurarent! O vocem publica generis humani innocentia dignam, cui redderetur antiquum illud saeculum! 4 Nunc profecto consentire decebat ad aequum bonumque expulsa alieni cupidine

LIB ·ANNEI· SENECE· DECLEMENTIA / LIBER· I· EXPLICIT· / INC LIBER ·II· FELICITER *N*
1 Ut de *R* : Vide *N* | scriberem *C ψ* : scribem *NR* : scribam *Q* ‖ **3** me memini (*ut fere semper apud Senecam*) *QP1F* | aliis *r* : aliis *vel* alus N^{1} : alius N^{1c} ‖ **5** subito data crepuit *ψ edd.* ‖ **6** adduxit *R* : adduxit#### (*ras. circiter* iv *litterarum*) N^{c} | animadversurus N^{1c} : -versusrus N^{1} ‖ **6–7** latrones quosdam *Madvig*[3] (*perperam, quod Gertz p. 281 recte docet verba* in quos *«Burrum a Nerone postulasse, ut in charta duorum illorum nomina scriberet» significare*) ‖ **7** principi natus *Mur.* : principintus *N* : principi notus *R edd.* ‖ **8** quos N^{c} : quus N^{1} ‖ **10** cartham *N* : cartam *R Hosius*[2] ‖ **12** gentes quae *R* : gentesque *N* : gentes quaeque *Gertz* (*confer p.* ***19, 18***) ‖ **13** iacent *R* : iacecent *N* ‖ **14–15** contione *ς*[F] *Pré.* : -onem *N edd.* ‖ **15** principes *R* : princeps *N* ‖ **16** iurarent *T Mur.* (*adn.*) : iuramento $N^{1}R$: iuraṁentȯ N^{1c} : iurento *Q* : iurent *C Mur. Baeh.*[2] iuramentum faciant *ψ edd. vett.* | publica *T* (*confer* Sen. Rhet. con. *9, 4, 10;* [*Quint.*] decl. *12, 18*) : -cam *N edd. vett. Haase* (*qui* innocentia *del.*) *Thomas* : priscae *Pinc.* ‖ **17** dignam! ⟨dignam⟩ *Gruter*[An] dignam ⟨et⟩ *Lips.*[3] (*dub.*) *Cast.* (*collato* ThlL *5, 1, 1151, 61–6, vel haec vel similia sine dubio in soluta oratione addenda, si enuntiatum relativum cum ablativo* publica innocentia *coniungere velis; at* cui … saeculum *potius eandem vim consecutivam atque* in cuius … iurarent *ver.* **15–16** *habere mihi videtur*) ‖ **18** ⟨et⟩ expulsa *Gertz*

(ex qua omne animi malum oritur), pietatem integritatemque cum fide ac modestia resurgere et vitia diuturno abusa regno dare tandem felici ac puro saeculo locum. **2** Futurum hoc, Caesar, ex magna parte sperare et confidere libet. Tradetur ista animi tui mansuetudo diffundeturque paulatim per omne im⟨ma⟩ne imperii corpus et cuncta in similitudinem tuam formabuntur. A capite bona valetudo: in omnes ⟨***; omnia⟩ vegeta sunt atque erecta aut languore demissa prout animus eorum | vivit aut marcet. Erunt 145v cives, erunt socii digni hac bonitate et in totum orbem recti mores revertentur, parcetur ubique manibus tuis.

2 Diutius me inmorari huic ⟨voci⟩ patere, non ut *** blandum auribus tuis (nec enim hic mihi mos est: maluerim veris offendere quam placere adulando); quid ergo est? Praeter id quod bene factis dictisque tuis quam familiarissimum esse te cupio, ut quod nunc natura et impetus est fiat iudicium, illud mecum considero, multas voces magnas, sed detestabiles, in vitam humanam pervenisse celebresque vulgo ferri, ut illam: «oderint, dum metuant», quoi Graecus versus ⟨eius⟩ similis est qui se mortuo terram misceri

oderint–metuant ACC. *Atr.* 203 R^2 | se–iubet *fr. adesp. 513 Kannicht-Snell*

1 omne *r* : omnem *N* ‖ **2** diuturno *TG* : diurno *N* ‖ **4** confidere *Lips.*^{3} (*dub.*) : confitere *N* : confiteri *r edd.* ‖ **5** im⟨ma⟩ne imperii *Rossb.*^{1} : imne imperjii *N* : inme imperii *R* : imperii *r edd.* : immensum imperii *quoque conicere licet, sed confer p.* **1**, **6–8**; **7**, **3–4** *et Mala. p. 382–3, cui addas de nexu inter mansuetudinem et immanitatem* CIC. inv. *1, 2;* re p. *2, 27;* SEN. ira *3, 8, 3* ‖ **6** cuncti *Eras.*^{2} (*dub. adn.*) | tui *T Eras.*^{2} ‖ **7** *lacunam e.g. ut Gertz exple* in omnes ⟨corporis partes exit; omnia⟩ : inoms *N* : in omnes *R* : inde omnia Q^1 *edd.* : in omnes ⟨exit: omnia⟩ *Haase* : hominis: ⟨cetera⟩ *Schu.* : proinde omnia *Kron.*^{1} : *alii alia* ‖ **8** languore N^{1c} : laguore N^1 | viget $ς^F$ *Eras.*^{2} | marcet. Erunt *QC* : marceterunt *N* : marcescit. Et erunt *ψ* : marcet. Et erunt *Eras.*^{2} (*adn.*) ‖ **9** hac PF^cL : ac *N* ‖ **10** parcetur *QC1C2C3 ψ* : parcentur *N* | ubique *R* : ubquae *N* ‖ **11** *suppl. Madvig*^{2} (imm-) : memorari huic *NR π F* : me morari hic *QC edd.* : me inmorari hic *T* : me inmorari huic (patere ⟨voci⟩ *Gertz* | *supple e.g.* ⟨oblectamentum porrigam⟩ blandum (*confer Mala. p. 385:* oblectamento *saepius Seneca utitur; de verbo Ov.* met. *9, 342*) : bladum *N* : blandum *R edd.* : blandiar *CC3T Eras.* : blanditurum *Schu.* (*sed part. futurum inusitatum est*) ‖ **13** Praeter id *GL* : prae id *N* : propter *Eras.*^{2} ‖ **15** considero *R* : consitero *N* ‖ **16** sed *r* : se *N* : sed et *C* ‖ **17** quoi *Gertz* (*forma apud* Nazarianum *in* ben. *6, 7, 1; 6, 14, 3; 6, 43, 3, semper a* N^2 *in* cui *corrupta, reperitur*) : quod *N* : quo *Q* : cui *r edd.* ‖ **18** ⟨eius⟩ similis est *supplevi* : similis est *N edd.* : similis est eius $ς^F$ *Haase* : similis ⟨illius⟩ est *Pré.*

ignibus iubet, et alia huius notae. ^{3} Ac nescio quo modo ingenia ⟨in⟩ inmani et invisa materia secundiore ⟨ore⟩ expresserunt sensus vehementes et concitatos; nullam adhuc vocem audii ex bono lenique animosam. Quid ergo est? Ut raro, invitus et cum magna cunctatione, ita aliquando scribas necesse est istud quod tibi in odium litteras adduxit, sed sicut facis, cum magna cunctatione, cum multis dilationibus.

3 Et ne forte decipiat nos speciosum clementiae nomen ali-
146r quando | et in contrarium abducat, videamus quid sit clementia qualisque sit et quos fines habeat. Clementia est temperantia animi in potestate ulciscendi vel lenitas superioris adversus inferiorem in constituendis poenis. Plura proponere tutius est, ne una finitio parum rem conprehendat et, ut ita dicam, formula excidat; itaque dici potest et inclinatio animi ad lenitatem in poena exigenda. ^{2} Illa finitio contradictiones inveniet, quamvis maxime ad verum accedat, si dixerimus clementiam esse moderationem aliquid ex merita ac debita poena remittentem. Reclamabitur nullam virtutem cuiquam minus debito facere, atqui hoc omnes intellegunt clementiam esse, quae se flectit citra id quod merito constitui posset.

4 Huic contrariam imperiti putant severitatem, sed nulla virtus virtuti contraria est. Quid ergo opponitur clementiae? Crudelitas, quae nihil aliud est quam atrocitas animi in exigendis poenis. «Sed quidam non exigunt poenas, crudeles tamen sunt, tamquam qui ignotos homines et obvios non in conpendium, sed
146v occidendi causa occidunt nec interficere contenti sae|viunt, ut Busiris ille et Procrustes et piratae, qui captos verberant et in ignem vivos inponunt». ^{2} Haec crudelitas quidem ⟨videtur⟩, sed

2 *suppl. Madvig*^{2} (imm-) : inmania *N* : immania *r edd.* | *suppl. Madvig*^{2} (*«parum Latine» Pré., sed confer* Cɪᴄ. off. *1, 61,* pleniore ore) : secundi ora *NR* : fecundiora *Q Alex.* : secundiori *π FLG edd.* : fecundiore (*vel* -ori) *T Cal. Schu.* : fecundiori ⟨ore⟩ *Lips.*^{3} : *alii alia* ‖ **12** ne *r* : nec *N* ‖ **15** inveniet *RQ*^{c} *φ* : invenet *N* : invenietur *ψ* | quamvis *R* : quavis *N* ‖ **16** dixerimus *R* : dixeremus *N* ‖ **18** minus *C1C2C3 ψ* : minui *N* (*confer p.* **41, 17**) ‖ **25** ignotos *N*^{1c} : ignotus *N*^{1} ‖ **26–27** ut Busiris *R*^{c} (*ss.*) *QC1C2C3* : utusuris *NR*^{1}*C* : ut osyris *ψ* : ut Sinis *ς*^{G} *Gruter*^{An} ‖ **27** piratae *QC2 ψ* : pilate *N* | captos *R* : captus *N* ‖ **27–28** in ignem vivos *R* : ininem vivus *N* ‖ **28** *suppl. Madvig*^{2}

quia nec ultionem sequitur (non enim laesa est) nec peccato alicui irascitur (nullum enim antecessit crimen), extra finitionem nostram cadit: finitio enim continebat in poenis exigendis intemperantiam animi. Possumus dicere non esse hanc crudelitatem, sed feritatem, cui voluptati saevitia est, possumus insaniam vocare: nam varia sunt genera eius et nullum certius quam quod in caedis hominum et lancinationes pervenit. [3] Illos ergo crudelis vocabo qui puniendi causam habent, modum non habent, sicut in Phalari, quem aiunt non quidem in homines innocentes, sed super humanum ac probabilem modum saevisse. Possumus effugere cavillationem et ita finire ut sit crudelitas inclinatio animi ad asperiora. Hanc clementia conpellit longius stare a se: nam ⟨cum⟩ severitate illi convenit.

[4] Ad rem pertinet quaerere hoc loco quid sit misericordia: plerique enim ut virtutem eam laudant et bonum hominem vocant misericordem. Et haec vitium animi est; utraque circa severitatem circaque clementiam posita sunt quae vitare debemus: | 147r ⟨per speciem enim severitatis in crudelitatem incidimus⟩, per speciem clementiae in misericordiam. In hoc leviore periculo erratur, sed

1 peccato *QCT Eras.*[2] : peccator *N* : peccatori *ς*[G] *edd. vett.* ‖ **3** finitio enim *Q*[1]*C2C3* : finitionem *N* : quae finitio *ς*[G] *Eras.*[2] : *del. Haase* | exigendis *R* : -ntis *N* ‖ **3–4** intemperantiam *QLT* : -tia *N* ‖ **5** voluptati saevitia *QCP* : voluptatis seu vitia *N* ‖ **6** quod *N*[1c] : couod (*ut vid.*) *N*[1] ‖ **7** c(a)edes *r edd.* | lancinationes *C* : lancinationis *NR* : laniationes *Q π FT* | crudeles *R edd.* ‖ **8** puniendi *R* : pon- *N* ‖ **8–9** sicuti Phalarim *Siesb.* (-rin *Mala. adn.*) ‖ **9** aiunt *QC1C2C3 ψ* : agunt *N* ‖ **11** sit *r* : sed *N* : se *R* ‖ **12** clementia *Q*[c]*C1C2C3 ψ* : -tiam *N* | conpellit longius stare *Watt* (comp-) : repellit longius stare *N edd. vett.* : repellit longius *Eras.*[2] : repellit longe distare *Haase* : repellit longe iussam ire *Madvig*[2] : repellit, longe iubet stare *Gertz* : repellit longe iussam stare *Hosius* ‖ **12–13** *suppl. Eras.*[2] (*dub. adn.*) : Namse veritatem *N* : nam severitatem *R edd.* : nam severitati *C3 Haase* : cum severitate *ς*[F] *Madvig*[2] ‖ **13** illi *Q*[c]*C1C2 ψ* : ille *NRC* : illa *Q*[1] : ⟨cum⟩ illa *Haase* ‖ **15** bonum *R* : bono *N* ‖ **16** misericordem *QC1C2C3 ψ* : -diam *N Baeh.*[2] ‖ **17–18** *suppl. Gertz* : ¶ per speciem clementiae in misericordiam *N*[1c] (msericordiam *N*[1]) : Per speciem severitatis crudelitatem *T* (per speciem clementiae misericordiam *ss. mrg. T*[c]) : ⟨ne per speciem sever. in crud. neve⟩ per speciem clem. in mis. ⟨incidamus⟩ *Mur.* : ⟨per speciem sever. ne in crud. incidamus neve⟩ per speciem clem. in misericordiam *Haase* : ⟨per speciem sever. crudelitas⟩ per speciem clem. misericordia ⟨inolevere⟩ *Rossb.*[1] *ex T* ‖ **19** In hoc leviore *R* : ınholeviore *N*

par error est a vero recedentium. **5** Ergo quemadmodum religio deos colit, superstitio violat, ita clementiam mansuetudinemque omnes boni viri praestabunt, misericordiam autem vitabunt: est enim vitium pusilli animi ad speciem alienorum malorum succidentis. Itaque pessimo cuique familiarissima est, anus et mulierculae sunt quae lacrimis nocentissimorum moventur, quae, si liceret, carcerem effringerent. Misericordia non causam, sed fortunam spectat; clementia rationi accedit.

[2] Scio male audire apud imperitos sectam Stoicorum tamquam duram nimis et minime principibus regibusque bonum daturam consilium; obicitur illi quod sapientem negat misereri, negat ignoscere. Haec, si per se ponantur, invisa sunt: videntur enim nullam relinquere spem humanis erroribus, sed omnia delicta ad poenam deducere. [3] Quod si est, quidni haec ⟨male audiat⟩ scientia, quae dediscere humanitatem iubet portumque adversus fortunam certissimum mutuo auxilio cludit? Sed nulla secta benignior leniorque est, nulla amantior hominum et communis boni attentior, ut propositum sit usui esse, ut auxilio, nec sibi tantum, sed universis singulisque consulere. [4] Misericordia est aegritudo animi ob alienarum miseriarum speciem aut tristitia ex alienis malis contracta quae accidere immerentibus credit; aegri-

1 Ergo *r* : ego *N* ‖ **2** mansuetudinemque *r* : -dinem quem *N* ‖ **4–5** malorum succidentis *Eras.*^{2} : succedentis *N* : malorum succedentis *G* : ⟨errorum⟩ succidentis *Mazz.*^{3} ‖ **6** moventur *r* : -tir *N* -tis *RC* ‖ **7** carcerem *r* : -re *N* | effringerent *r* : -gerint *N* ‖ **8** accedit *QGG3* : accidit *N* ‖ **9** apud *R* : aput *N* ‖ **10–11** daturam consilium *R* : datur aconsilium *N* ‖ **11** quod N^{1c} : couod N^{1} ‖ **12** ponuntur *Gertz* ‖ **14–15** *supplevi dub. ex Baeh.*^{2} : quidni haec scientia *N* : quid in hac scientia *G Eras.*^{2} : quid in hac scientia durius ς^{D} : quid hac secta durius *Curio* : quidni ⟨invisa sit⟩ haec scientia *Haase* : quidni haec ⟨sit⟩ sententia *Madvig*^{2} : quidni haec ⟨sit⟩ sapientia *Gertz* : quidni haec scientia (quae – cludit ⟨male audit?⟩ *Baeh.*^{2} : quid scit haec scientia *Mueck* : quidnam haec scientia *Hosius* : *alii alia* ‖ **15** dediscere *C1C2* : dedicere *NC3* : didicere *RC* : discere Q^{1} π *FL* ‖ **16** mutuo auxilio *dativus incommodi* : mutuum auxilium *vel* mutui auxilii *Lips.*^{3} : mutua auxilia *Schu.* : vetito auxilio *Mueck* | occludit *Gertz* | secta N^{1c} : sedcta N^{1} ‖ **17** communibus *r edd. vett.* ‖ **18** boni N^{1c} : bonis $N^{1}R$ *r edd. vett.* | attentior *r* : atentior *N* | cui *T* ut cui ς^{F} *Haase* | ut^{2} *NRC* π *Hosius*^{2} : aut *QFL edd.* : et *T Gertz* ‖ **19** tantum *R* : tatum *N* ‖ **20** tristitia *LTG* : -iam *N* ‖ **21** contracta quae ς^{D} : con / tra quae *N* : contraque *R* : concepta quae *Eras.*^{2} : coorta quae *Lips.*^{3} | accidere *Q* ψ : accedere *N* | credit *Q* : credet *N*

tudo autem in sapientem virum non cadit: serena eius mens est nec quicquam incidere potest quod illam obducat. Nihilque aeque hominem quam magnus animus decet; | non potest autem magnus 147v esse idem ac maestus. 5 Maeror contundit mentes, abicit, contrahit; hoc sapienti ne in suis quidem accidet calamitatibus, sed omnem fortunae iram reverberabit et ante se franget, eandem semper faciem servabit, placidam, inconcussam, quod facere non posset, si tristitiam reciperet. **6** Adice quod sapiens †ac† providet et in expedito consilium habet; numquam autem liquidum sincerumque ex turbido venit: tristitia inhabilis ad dispiciendas res, utilia excogitanda, periculosa vitanda, aequa aestimanda. Ergo non miseretur, quia id sine miseria animi non fit.

2 Cetera omnia quae qui miserentur volunt facere libens et altus animo faciet: succurret alienis lacrimis, non accedet; dabit manum naufrago, exuli hospitium, egenti stipem, non hanc contumeliosam, quam pars maior horum qui misericordes videri volunt abicit et fastidit quos adiuvat contingique ab iis timet, sed ut homo homini ex communi dabit; donabit lacrimis maternis filium et catenas solvi iubebit et ludo eximet et cadaver etiam noxium sepeliet, sed faciet ista tranquilla mente, vultu suo. 3 Ergo non miserebitur sapiens, sed succurret, sed proderit, in commune auxilium natus ac bonum publicum, ex quo dabit cuique partem.

3 magnus^{2} *R* : magus *N* ‖ **4** ac maestus *Haupt*^{1} : ac metus *NRQ*^{c}*C* : si metus et *ψ edd. vett.* | si mentem *ψ edd. vett.* | abicit *C2*^{c} : obicit *NRQ φ* : obducit et *ψ edd. vett.* : subicit *Mueck* ‖ **4–5** contrahit *R* : Contrait *N* ‖ **5** sapienti *N*^{1c} : -tis *N*^{1} ‖ **6** reverberabit *r* : reveberavit *N*^{1} : reverberavit *N*^{1c} | stante *Lips.*^{3} ‖ **7** servabit placidam *r* : servavit placida *N* | facere *R* : facerem *N* ‖ **8** tristitiam *R* : tris / tiam *N* | ac *N* (*exempla «pleraque dubia» de responsione* ac/atque - et *apud* ThlL *2, 1055, 14–23; 5, 2, 888, 59–64*) : haec *Q* : et *T Baeh.*^{2} : casus *Pré.* : *om.* *ς*^{D} : *del. Lips.* ‖ **11** utilia *φ T* : ut illa *NRQ* : ut ille *PFL* | periculosa *R* : -sam *N* | aequa *C2C3* (*persuasum habeo* aequa *hic eadem esse ac* paria *vel* adiaphora *Stoicorum, quamvis et* ThlL *1, 1040, 75 et interpretes omnes notionem* iusti *huic verbo ita subiciant ut* utilia *perperam iteretur*) : aeque *N* : aeque (aestimanda ⟨damna⟩ *Pré.* : aeque ⟨omnia⟩ *Bail.* : *an* aeque (aestimandum (*confer* Quint. *11, 3, 23*)? ‖ **12** id *ς*^{F} : et *N* ‖ **13** quae qui *ς*^{F} : quaeque *N* | volunt *ς*^{F} *Fickert* : volo *N edd.* : miseretur) solet *Lips.*^{3} : solent *Gron.* : *alii alia* ‖ **14** altus *Lips.*^{3} : alius *N* : alacri *ς*^{F} *Pinc.* ‖ **15** naufrago *R* : naufragio *N* | hospitium *R* : hopitium *N* ‖ **17** fastidit *R* : -det *N* | contingique *r* : contigique *N* ‖ **20** vultu *R* : vulto *N*

Etiam ad calamitosos pro portione improbandosque et emendandos bonitatem suam permittet; adflictis vero et forte laborantibus multo libentius subveniet. Quotiens poterit, fortunae intercedet: ubi enim opibus potius utetur aut viribus quam ad restituenda quae casus inpulit? Vultum quidem non deiciet nec animum ob crus alicuius aridum aut pannosam maciem et innixam baculo
148r senec|tutem; ceterum omnibus dignis proderit et deorum more calamitosos propitius respiciet. [4] Misericordia vicina est miseriae: habet enim aliquid trahitque ex ea. Inbecillos oculos esse scias qui ad alienam lippitudinem et ipsi suffunduntur, tam mehercules quam morbum esse, non hilaritatem, semper adridere ridentibus et ad omnium oscitationem ipsum quoque os diducere. Misericordia vitium est animorum nimis miseria paventium, quam si quis a sapiente exigit, prope est ut lamentationem exigat et alienis funeribus gemitus.

7 «At quare non ignoscet?» †vacuam† *** Constituamus nunc quoque quid sit venia et sciemus dari illam a sapiente non debere.

1 ⟨ad⟩ improbandos set *Madvig*^{2} ‖ **2** ⟨pervenire⟩ permittet *Sku.* | forte *Baeh.*^{2} : fortis *NR* : fortiter *Q* : fortuitis *C Pinc.* : fortius *ψ edd.* : sortis ⟨culpa⟩ *Haase* : sortis ⟨vitio⟩ *Gertz* (*dub. adn.*) : morbis *Mueck* : fort⟨e graviu⟩s *Cast.* : *alii alia* ‖ **4** aut *Eras.*^{2} : an *N* ‖ **5** deiciet *Eras.*^{2} : deiecit *N* ‖ **5–7** ob–senectutem *om. γ* : *del. edd. vett.* ‖ **5–6** ob–maciem *Bent.* : obcrusati cuius aredum aut pannô (*titulum* o *litterae impositum del.* N^{c}) iam maciem *N* : obcrusati cuius aredum aut panno iamaciem *R* : ad aeruscantis civis aut pannosi aridam faciem *Pinc.* : ob Iri alicuius aridam ac pannosam maciem *Gron.*^{1} ‖ **6** et innixam *Q Gron.*^{1} : et in (*deest membrana*) noxam *N* : et obnoxiam *C1C2 Pinc.* : et obnixam *Gruter* ‖ **7** omnibus *R* : omibus *N* ‖ **9** aliquid trahitque *R* : -it -quae *N* | scias *R* : seias *N* ‖ **10** alienam *R* : alenam *N* | mehercules N^{1c} : mecer- (*ut vid.*) N^{1} ‖ **11** hilaritatem *R* : illaritate *N* ‖ **12** oscitationem *φ* : estitationem *NR* : (a)estimationem *Q ψ* | quoque *R* : quoquae *N* ‖ **12–13** Misericordia $ς^{F}$ *Eras.*^{2} : mîa / (*hoc uno loco pro* misericordia) *N* : ita *R* ‖ **14** exigit *R* : exsiggit N^{1} : exsigit N^{c} | et in alienis *T Eras.*^{2} : in alienis *Baeh.*^{2} ‖ **15** gemitus *QC1C2C3 ψ* : gemitibus *N* : [funeribus] gemitibus *Baeh.*^{2} ‖ **16** At–vacuam *del. Fickert* | At *R* : Ad *N* | *lacunam statui*, vacuam *ex margine illatum puto* : ignoscetvacuam *N* : ignosce(re)t vacuam *r* : ignoscet vacuus? *Eras.*^{2} : ignoscet dicam *Pinc.* : ignoscet? Vacuo animo *Madvig*^{2} : ignoscet? Vagam ⟨rem⟩ *Gertz* (*dub.*) : ignoscet venia tua? *Müller* : ignoscet ⟨sapiens nec dabit⟩ veniam? *Sku.* : ignoscet? Agedum *Hosius* : ignoscet cuiquam? *Pré.* : ignoscet umquam? *Wag.* : *alii alia* ‖ **17** sit venia *QP1T* : sid veniam *N* : sit veniam *R r* : sit scientia *Madvig*^{2} : sit *Alex.* | dari *QP1LTGG3* : dare *N* | sapiente N^{1c} : -tem N^{1}

Venia est poenae meritae remissio. Hanc sapiens quare non debeat dare reddunt rationem diutius quibus hoc propositum est; ego, ut breviter, tamquam in alieno iudicio dicam: «Ei ignoscitur qui puniri debuit; sapiens autem nihil facit quod non debet, nihil praetermittit quod debet: itaque poenam quam exigere debet non donat, 2 sed illud quod ex venia consequi vis honestiore tibi via tribuet. Parcet enim sapiens, consulet et corriget, idem faciet quod si ignosceret, nec ignoscet, quoniam qui ignoscit fatetur aliquid se quod fieri debuit omisisse. Aliquem verbis tantum admonebit, poena non adficiet, aetatem eius emendabilem intuens; aliquem invidia criminis manifeste laborantem iubebit incolumem esse, quia deceptus est, quia per vinum lapsus; hostes dimittet salvos, aliquando etiam laudatos, si honestis causis pro fide, pro foedere, pro libertate in bellum | acciti sunt. 3 Haec omnia non veniae, sed 148v
clementiae opera sunt. Clementia liberum arbitrium habet, non sub formula, sed ex aequo et bono iudicat, et absolvere illi licet et, quanti vult, taxare litem. Nihil ex his facit tamquam iusto minus fecerit, sed tamquam id quod constituit iustissimum sit. Ignoscere autem est quem iudices puniendum non punire, venia debitae poenae remissio est; clementia hoc primum praestat, ut quos dimittit nihil aliud illos pati debuisse pronuntiet: plenior est quam venia, honestior est». 4 De verbo, ut mea fert opinio, controversia est, de re quidem convenit. Sapiens multa remittet, multos parum

1 Venia est *R* : væniest N^{1} : vænia est N^{1c} ‖ **2** rationem *R* : racione *N* ‖ **2–3** ego ut breviter *N* (*dist. Thomas Kron.*[1]; *subaudi* dicam, *ut apud* Sen. ben. *4, 40, 5*) : ego autem breviter *Madvig*[2] : ego tum breviter *Mueck* : ego breviter *Reeve* ‖ **3** Ei *Eras.*[2] : et *N* ‖ **4** debet *R* : devit *N* ‖ **5** debet[1] ... debet *R* : debit ... debit *N* ‖ **6** illud *QP1TG* : illum *N* | vis–via $N^{c}Q$: vis honestior et / tibi via N^{1} : vis honestio · et / tibi viam *RC* : iustum est et tibi vitam ψ ‖ **7** tribuet *Gertz* : tribuit *N* | parcet N^{1} (*ut vid.*) *Gertz* : parcit (*ut vid.*) N^{c} | idem ς^{F} : item *N* ‖ **8** ignoscit *R* : -cet *N* | se *r* : sed *N* ‖ **9** omisisse N^{1c} : omisisese N^{1} | Alium ... alium (*ver.* ***10***) *Sku.* ‖ **11** invidia ς^{G} ς^{D} : -iae *N* ‖ **12** lapsus *R* : labsus *N Hosius* | dimittet *Q* π *LT* : dem- *N* ‖ **14** acciti sunt *R* : acsiti sunt sunt N^{1} : acciti s. s. N^{1c} | non veniae N^{1c} : noveniae N^{1} ‖ **16** ex (a)equo *QC1C2C3* ψ : exquo *N* ‖ **17** quanti *QCP1FTGG3* : quati *N* | taxare ψ : taxari *N* | minus *Q* ψ : minui *N* (*confer p.* ***36***, ***18***) ‖ **18** Ignoscere Q^{c}*P1LTGG2G3* : cognoscere *N* ‖ **19** iudices *Gertz* : iûd (*id est substantivum?*) *NR* : videt *Q* : iudicat π *LG* : viderit *F* : videris *T* : iudicas *P1*^{c} *edd.* | debitae *Q* ψ : devitae *N* ‖ **21** dimittit *QC1C2* ψ : -tet *N* | aliud *R* : aliut *N* | pronuntiet *QFTGG1G2* : -iat *N*

sani sed sanabilis ingenii servabit. Agricolas bonos imitabitur, qui non tantum rectas procerasque arbores colunt: illis quoque quas aliqua depravavit causa adminicula quibus derigantur adplicant, alias circumcidunt, ne proceritatem rami premant, quasdam infirmas vitio loci nutriunt, quibusdam aliena umbra laborantibus caelum aperiunt. [5] Videbit quod ingenium qua ratione tractandum sit, quo modo in rectum prava flectantur.

1 sani *Q* : sane *N* : sanos *TGG2G3* | servabit *QC* γ : -vit *N* ‖ **2** illis Q^c γ : illi *N* ‖ **3** depravavit *QTG1* : -abit *N* | derigantur *Gertz* : dergantur *N* : tergantur *R* ψ : erigantur *QT* : dirigantur *G3 Haase* : regantur ς^G *edd. vett.* ‖ **5** vitio *QGG3* : vito *N* ‖ **7** in rectum *r* : inflectum *N*

Subscr. EXPL LIBER· ANNEI· ASENEC *N Plura in libro secundo desiderantur, fortasse etiam tertius, si fides divisioni illi p.* **5, 1–7** *tribuenda est; sed incertum manebit utrum Seneca, ut opinor, opus suum intermiserit an invida aetas libros iam perfectos aliquando mutilaverit*

INDICES

(quos composuit Iulia Malaspina)

I. NOMINUM

II. RERUM

www.ingramcontent.com/pod-product-compliance
Lightning Source LLC
Chambersburg PA
CBHW060821310726
48980CB00002B/364

* 9 7 8 3 1 1 0 2 6 2 5 7 5 *